Gordon Smith

Medium sein

Der Intensivkurs

Übersetzt von Johanna Ellsworth

Intuitive Studies – A complete Course in Mediumship

E-Mail: mail@reichel-verlag.de

www.reichel-verlag.de

Umschlaggestaltung: Christian Wolf

Die in diesem Buch enthaltene Information stellt keinen Ersatz für ärztliche Empfehlungen oder anderer mit der medizinischen Versorgung beauftragter Personen dar. Der Leser trägt das Risiko für die Anwendung der in diesem Buch enthaltenen Informationen. Weder der Autor noch der Verlag können verantwortlich gemacht werden für Nachteile, Forderungen oder Schäden, die durch Anwendung, Missbrauch, oder Missachtung medizinischer Hinweise entstehen. Und auch nicht für jegliches Webseitenmaterial seitens dritter Parteien.

ISBN 978-3-946959-58-8

Gewidmet allen Schülern auf dem spirituellen Weg

und insbesondere Steven für seine Inspirationen.

Inhalt

Liste der Übungen

Einleitung

Schon bald nach der Veröffentlichung meines Buchs *Das Medium in dir* bekam ich erste Anfragen von Menschen, ob ich die in meinem Buch beschriebenen Lehren in Kursen weitergeben und einige Übungen detaillierter erklären könne. Es überraschte mich, dass sie sich mehr für die Lehren als für die Botschaften aus der feinstofflichen Welt interessierten, für die ich mittlerweile bekannt bin. Meinem Gefühl nach würde es jedoch schwierig werden, den Leuten die Lehren noch näherzubringen, da ich den Unterricht in Tages- oder Wochenendseminaren gegeben hatte, was mich nicht unbedingt glücklich machte. Nach meinen Erfahrungen kann die Entwicklung des inneren Mediums viele Jahre dauern.

Für mich war mein medialer Zirkel, oder die Entwicklungsgruppe, schon immer wichtig gewesen. Er gehört zu meinem Leben seit ich Anfang zwanzig war und ist eines der Dinge, die mich dazu gebracht haben, mein Leben der Arbeit als Medium zu widmen. Der Entwicklungszirkel ist der Ort, an dem das Medium Kraft schöpft und den Antrieb bekommt, mit der feinstofflichen Welt zusammenzuarbeiten. Nun, da ich in London lebte, wurde mir plötzlich bewusst, wie weit weg die Menschen waren, mit denen ich viele Jahre lang jeden Sonntagabend verbracht hatte. Auch wenn mir klar war, dass wir immer eine mediale Verbindung haben würden, vermisste ich die körperliche Anwesenheit meiner spirituellen Familie. Ich hatte schon seit einigen Jahren nicht mehr an einem medialen Zirkel teilgenommen, und auch wenn ich ein überaus aktives Leben führte und mehr zu tun hatte als je zuvor, bekam ich allmählich zu spüren, dass ich nicht mehr regelmäßig mit einer Gruppe Gleichgesinnter meditierte. Ich fühlte mich isoliert und vermisste die Unterstützung, die ein Zirkel bietet.

Seit vielen Jahren glaube ich, wenn die feinstoffliche Welt mich für etwas braucht, ergibt sich die Gelegenheit. Mein Bedürfnis, wieder einer Entwicklungsgruppe anzugehören, wurde so stark, dass ich es kaum noch ignorieren konnte. Daher wusste ich: Es würde nicht lange dauern, bis sich mir die Chance bieten würde.

Außerdem hatte jeder Zirkel, an dem ich bisher teilgenommen hatte, einen bestimmten Zweck. Also fragte ich mich, was der Zweck der neuen Gruppe sein würde. Irgendwie spürte ich, dass die Lehren dabei eine größere Rolle spielen würden.

1
Die Verbindung herstellen

Wenn du dem Geist dienen willst,
musst du als Erstes wissen, wem du dienst.

Master Chi

Es ist seltsam: Wenn wir manchen Menschen zum ersten Mal begegnen, verstehen wir nicht wirklich, was in diesem Moment geschieht, aber wir spüren, dass es eine wichtige Begegnung ist. Das habe ich schon oft erlebt, und je mehr ich mich weiterentwickle, desto mehr lerne ich zu erkennen, was sich da entfaltet. So war es auch damals eines Abends, als ich in einem Theater in Margate die Präsentation meiner Arbeit als Medium beendete.

Ich hatte gerade alle Bücher signiert, als zwei relativ junge Männer auf mich zukamen. Einer von ihnen hielt mir ein Buchexemplar hin, das ich signieren sollte, während der andere nur stumm neben ihm stand, als würde er darauf warten, dass ich ihn ansprach. Nachdem ich das Buch signiert hatte, fragte ich sie, ob ihnen der Abend gefallen hatte und ob sie ihr inneres Medium entwickeln wollten. Keiner der beiden machte den Eindruck, als bräuchte er eine Nachricht; deswegen erkundigte ich mich nach dem Grund für ihr Interesse an diesem Thema.

Wie sich herausstellte, hatten beide schon mit der medialen Entwicklung begonnen. Sie wollten jedoch noch mehr lernen und einen guten medialen Zirkel finden. Als ich sie nach ihren Namen fragte und sie „Paul“ und „Steven“ antworteten, musste ich lächeln. Meine beiden Söhne heißen so, und die jungen Männer waren ungefähr im Alter meiner Söhne zum damaligen Zeitpunkt. Ich fühlte mich ganz schön alt!

Ich fand es etwas seltsam, dass zwei Männer Anfang zwanzig mich um Unterstützung auf ihrem spirituellen Weg baten – schließlich ist das nicht das typische Alter meiner Zuschauer, wenn ich meine mediale Arbeit präsentiere. Es beeindruckte mich jedoch, dass sie wissbegierig waren, vor allem, da meine eigenen Söhne kein Interesse an meiner Hilfe bei ihrer medialen Entwicklung zeigten. Doch dann fiel mir wieder ein, dass ich selbst mich auch schon mit Anfang zwanzig auf den Weg begeben hatte.

Ich verwies Paul und Steven an einen Freund von mir, der sogar in ihrer Nähe wohnte. Paul blieb in seinem Zirkel, während Steven sich als Trancemedium weiterbilden wollte und das Gefühl hatte, dass dieser Zirkel nicht das Richtige für ihn war. Er hatte schon mehrere Gruppen ausprobiert und an vielen Tageskursen und ähnlichen Veranstaltungen teilgenommen, um seine Gabe als Medium weiterzuentwickeln. Doch bisher hatte er noch keinen Zirkel gefunden, in dem er sich entspannen und verwirklichen konnte. Er erzählte mir seine Vorgeschichte:

Auch wenn ich als Kind schon mehrere übersinnliche Erlebnisse hatte, dachte ich immer, mein Leben sei genauso wie das meiner Freunde und Verwandten, während ich in London aufwuchs. Als Junge habe ich alles getan, was Jungs so tun – ich habe Football gespielt, die Schule mit meinen Kumpels geschwänzt, und wir haben unser Geld fürs Mittagessen zusammengelegt, um uns eine Schachtel Zigaretten zu kaufen, die wir gemeinsam im Park geraucht haben.

Als ich älter wurde, ging ich lieber in den Pub als in den Park. Dort tauschten meine Kumpels und ich uns über Mädchen und Football aus. Damals hatte ich keine Ahnung von spirituellen Dingen. Als Jugendlicher und junger Erwachsener zählt nur das, was gerade aktuell ist; weiter denkt man nicht.

Mit Anfang zwanzig fand ich einen Job als Maler. Ungefähr ein Jahr später begann ich, Dinge in der Zukunft vorauszusehen, und das hat mein Interesse an Parapsychologie geweckt. Zuerst waren es Dinge, die mit meinem eigenen Leben zu tun hatten. Zum Beispiel sah ich voraus, dass ich ein bestimmtes Mädchen kennenlernen und sie nach Hause begleiten würde. Und sie würde mir etwas Persönliches über unseren gemeinsamen Freund Jay erzählen. Im selben Augenblick würden Tauben über unseren Köpfen vorbeifliegen, ein Steinchen würde aus einer Mauer fallen, während wir vorbeigingen, und ein Bus würde vorbeifahren, in dem Jay sitzen würde. Sie würde sagen: „Sieh mal, da ist Jay ja!" Auch wenn es unglaublich klingt, hat sich alles zwei Monate später genau so zugetragen.

Danach nahm ich mir vor, etwas für meine Mutter und meine beiden Schwestern vorauszusagen, weil ich glaubte, sie würden es interessant finden. Es war zwar keine eigentliche Zukunftsvorhersage, doch eines Tages spürte ich die Gegenwart meiner Großmutter um mich herum und fühlte, wie sie mir Folgendes mitteilen wollte: Ich sollte meiner Mutter sagen, dass sie gesehen hatte, wie meine Mutter am Abend zuvor Omas Ehering herausgeholt habe.

Anscheinend stimmte das tatsächlich, denn meine Mutter hatte den Ring meiner Großmutter ein ganzes Jahr lang in der Schublade liegen lassen. Daher erschrak sie regelrecht über diese Information und fing an, mich ernst zu nehmen. Von nun an ermutigten sie und meine Schwestern mich, meine neu entdeckte mediale Begabung weiterzuentwickeln.

Damals erzählte ich niemandem außer meiner Mutter und meinen Schwestern von meinen Erfahrungen, da ich sicher war, dass meine Freunde und mein Vater mich für verrückt halten würden. Es war sowieso kein Thema, über das im Pub gesprochen wurde – es sei denn, um ein Mädchen zu beeindrucken.

Im Rückblick ist es merkwürdig, denn heute erkenne ich, dass meine Fähigkeiten immer stärker wurden, je mehr ich sie für mich behielt.

Mein erstes echtes Geistwesen sah ich mit einundzwanzig. Ich sehe es heute noch genauso deutlich vor mir wie damals. Eines Nachts wachte ich (in meinem Zimmer) auf und fühlte, wie sich vollkommene Ruhe und Entspannung über meinen Körper legten. Ich wusste: Wenn ich die Augen öffnete, würde jemand neben meinem Bett stehen. Und so war es auch. Es war eine Frau; sie hätte meine Großmutter sein können, aber ich war mir nicht sicher. Ich konnte ihr Gesicht nicht genau sehen. Sie stand nur da und sah mich ganz ruhig an.

In diesem Augenblick öffnete sich meine Schlafzimmertür und ich erblickte eine männliche Gestalt, die mein Zimmer betreten wollte. Der Mann war um die vierzig, doch alles geschah so schnell, dass ich ihn nicht näher beschreiben konnte. Ich setzte mich im Bett auf und rief: „Nein!" – warum, weiß ich nicht. Er wirkte nicht aggressiv. Ich glaube, ich war nur überrumpelt, weil es mitten in der Nacht war. Er kam nicht in mein Zimmer, und die Frau löste sich in Luft auf.

Das Erstaunliche an der Sache war, dass ich überhaupt keine Angst hatte. Ich legte mich nur wieder hin und schlief gleich ein, ohne einen Gedanken an das Ereignis zu verschwenden.

Am nächsten Tag dachte ich darüber nach und entschied, es niemandem zu erzählen, um nicht ausgelacht zu werden. Ich hatte keine Ahnung, was ich tun sollte oder wo ich mir einen Rat hätte holen können.

Ein paar Tage später erzählte mir meine Schwester, sie sei bei einer Hellseherin gewesen, die ihr gesagt habe, sie habe einen Bruder, der Besuch von Geistwesen erhalten habe. Sie fuhr fort zu beschreiben, wie ich mich während des Erlebnisses gefühlt hätte und dass ich „Nein!" gerufen hätte. Da wusste ich, dass auch ich zu dieser Hellseherin gehen musste, um Antworten auf meine Fragen zu erhalten.

Als ich die Hellseherin aufsuchte, sagte sie mir auf den Kopf zu, ich hätte hellseherische und mediale Fähigkeiten, die sich jetzt entwickelten, und ich sollte lernen zu meditieren und versuchen, die kommenden Erfahrungen entspannt anzunehmen. Sie gab mir ein Buch und eine CD mit Meditationsübungen; beides würde mir meinen Geistführer nahebringen. Ich hatte dieses Wort zwar noch nie gehört, wollte jedoch mehr darüber herausfinden.

In den nächsten drei Jahren versuchte ich zu meditieren und lernte die Übungen, wie ich mich mit meinem Geistführer verbinden kann, doch ich machte kaum Fortschritte, da ich die Gefühle um mich herum nicht verstand, wenn ich mit der feinstofflichen Welt kommunizieren wollte. Das Ganze frustrierte und verwirrte mich nur. Ich fühlte mich auch einsam, weil ich mit niemandem außer meiner Mutter und meinen Schwestern darüber reden konnte. Ich hatte das Gefühl, als wäre ich im Abseits.

Eines Morgens wachte ich wütend auf und dachte, wenn ich schon Geistführer hatte, dann sollten sie auch einen Weg finden, sich mir zu zeigen. Ich rief: „Wenn ich schon einen Geistführer habe, dann führt mich auch, verdammt noch mal!“ Ich war so frustriert, dass ich meinen Turnschuh durchs Zimmer schleuderte. Ich fühlte mich alleingelassen, weil ich keinen Schritt weiterkam.

Drei Stunden später kam meine Mutter vom Einkaufen nach Hause und ließ eine Zeitung auf meinen Schoß fallen. „Hier“, sagte sie, „das ist doch dein Ding. Ich hab die Zeitung gefunden.“

Ich warf einen Blick darauf und las den Titel „Psychic News“ (Übersinnliche Nachrichten). Es haute mich um, als ich sie aufschlug und eine Liste aller spiritistischen Kirchen in meiner Gegend fand. Es gab sogar Anzeigen für Kurse, in denen man sein inneres Medium weiterentwickeln konnte.

Als ich meine Mutter fragte, wo sie die Zeitung her habe, sagte sie, sie habe ein Zeitungsfach, in dem ihr eine Monatszeitschrift für meine Nichte zugestellt werde. Irgendjemand hatte die Zeitung aus Versehen in ihr Fach gelegt und ihr war das erst auf dem Heimweg aufgefallen. Ich fragte mich, was für ein „Versehen" das wohl gewesen sein könnte. Nur drei Stunden, nachdem ich um Hilfe gebeten hatte, bekam ich Antworten und einen Wegweiser.

Dank der „Psychic News" fand ich meinen ersten Entwicklungskurs. Und kurz darauf lernte ich Gordon Smith kennen. Das Schicksal hat mich dahin gebracht, wo ich sein soll.

Auch wenn ich mich überall umhörte, fand ich leider niemanden, der die Art von medialem Zirkel leitete, an dem Steven teilnehmen wollte. Zwar wusste er um seine Gabe – an jenem ersten Abend in Margate sagte er zu mir: „Ich werde verdammt noch mal megagut darin sein!" –, doch es würde nicht einfach sein, mit ihm zu arbeiten, weil er buchstäblich zu schüchtern war, sich mitzuteilen, sobald man an seiner toughen Oberfläche kratzte. Zu diesem Zeitpunkt würde er nie ein Gespräch beginnen. Ich musste erspüren, was er brauchte, um sich zu einer Antwort provozieren zu lassen. Meistens versteckte er sich hinter der Maske des coolen Typen aus dem Süden Londons. Das wirkte mitunter abschreckend. Dennoch steckte in dem harten Kerl ein liebenswert unschuldiger junger Mann, der wirklich Anleitung brauchte. Wie mir klar wurde, wäre es besser, wenn ich selbst mit ihm arbeitete, als ihn zu anderen Leuten zu schicken. Also begannen ich und mein Partner Jim, der seit fast zwanzig Jahren in meinem Zirkel ist, ihn zu fördern. Und so bildete sich eine neue Gruppe …

Aller Anfang ist langsam

Vergiss nicht: Lehrer und Schüler verwenden das gleiche Buch und nutzen dasselbe Klassenzimmer. Es ist ihr Sitzplatz, der sie definiert.

Master Chi

Auch wenn ich schon seit Jahren Zirkel leitete und die Arbeit als Medium lehrte, war es etwas ganz anderes, mich auf einen Schüler zu konzentrieren, vor allem, da mein Schüler schon viele unterschiedliche Meinungen gehört hatte, die ihn in Hinsicht auf seine Gabe verwirrten. Obwohl Steven schon mediale und spirituelle Erlebnisse gehabt hatte, wusste er nicht, was er davon halten sollte oder wie er beides unterscheiden könnte. Ich war daher sicher, es würde eine echte Herausforderung werden.

Statt ihm den Kopf mit noch mehr Lehren vollzustopfen, beschloss ich, ihn zurück auf null zu setzen und wieder ganz von vorne anzufangen.

Anfangs sollte man nicht danach streben, rasch Beweise für andere zu produzieren. Natürlich konnte auch Steven es kaum abwarten, seine Begabung unter Beweis zu stellen. Es ist zwar menschlich, an das zu glauben, was man tut, und auch, dass andere daran glauben. Häufig liegt jedoch genau hier der Hase im Pfeffer, denn dadurch glaubt man an Dinge, nur weil man daran glauben will – Dinge, die dem eigenen Geist entspringen und die weder medialer noch sensitiver Natur sind.

Als Erstes brachte ich Steven bei, in der Stille zu sitzen und nichts zu erwarten. Diese Form der Meditation in spiritistischen Kreisen nennen wir „die Stille“. Sie ist die Grundlage unserer Arbeit, denn wenn wir wissen, wie es sich anfühlt, ohne irgendwelche Erwartungen in Ruhe dazusitzen, können wir uns wirklich auf der geistigen Ebene mit uns selbst identifizieren/spüren. Das sage ich meinen Schülern ständig: Bevor man irgendetwas anderes tut, muss man erst seinen eigenen Geist kennenlernen und herausfinden, was er manifestieren kann. Man formt sonst zu leicht Gedanken, die einen etwas fühlen lassen – und bevor man sich versieht, redet man über alle möglichen Visionen und Erlebnisse, die zwar real wirken, jedoch nicht medialer oder sensitiver sind als der Stuhl, auf dem man sitzt.

Diesen Anfang hatte Steven nicht erwartet:

„Als Gordon mir diese Übung aufgab, war ich sehr überrascht, dass ich nicht versuchen sollte, eine Botschaft zu empfangen oder eine Verbindung zur feinstofflichen Welt herzustellen. Bisher hatte man mir beigebracht zu versuchen, Geistwesen durch Hellsicht zu sehen und eine Botschaft für die, die mit mir zusammensaßen, zu erhalten. Es war ein komisches Gefühl, stillzusitzen und nichts zu tun. Ich gebe zu, dass ich es (anfangs) nicht verstehen konnte, aber da Gordon mein neuer Lehrer/Lehrmeister war, gab

ich mein Bestes. Jetzt halte ich es für die wichtigste Lehre in meiner Entwicklung; ohne sie wäre ich nie weitergekommen.“

In der Stille zu meditieren ist äußerst wichtig. Es klingt zwar einfach, aber wenn Sie es noch nie ausprobiert haben, stellen Sie womöglich fest, dass Ihr Geist/Verstand ein sehr aktiver, lauter Ort ist. Durch Übung und Entspannung kann er jedoch ein kraftvoller Zustand der Ruhe sein, der zu Ihrem Zentrum der Kontrolle werden kann.

Dies ist immer die erste Übung, die ich meinen Teilnehmern beibringe, weil sie eine Meditationsform ist, die man jederzeit anwenden kann, um zur Ruhe zu kommen oder in einer kniffligen Situation Klarheit zu bekommen. Man braucht dafür kein Medium zu sein; jeder kann sie anwenden. Durch sie werden zwar keine Geistwesen Sie aufsuchen, aber sie ist eine Starthilfe für Ihre mediale Reise, die im Grunde bei Ihnen selbst beginnt.

Übung 1: In der Stille meditieren

Nehmen Sie als Erstes eine bequeme Sitzhaltung ein. Entspannen Sie sich und fühlen Sie die Ruhe. Sorgen Sie dafür, dass Sie keine enge, unbequeme Kleidung tragen.

Schließen Sie die Augen.

Achten Sie bewusst auf Ihre Körperhaltung. Versuchen Sie, so gerade wie möglich zu sitzen. Halten Sie den Kopf so gerade und ruhig wie möglich. Wenn Sie merken, dass er nach vorne oder zur Seite sackt, dann stellen Sie sich vor, dass ein dünner Faden an Ihrer Scheitelkrone befestigt ist, der Ihren Kopf nach oben zieht.

Atmen Sie nun so tief wie möglich durch die Nase ein. Das entspannt den Körper und lässt ein erstes Gefühl der Ruhe aufkommen.

Nehmen Sie, während Sie tief in den Körper einatmen, wahr, wie sich Ihre Lunge mit Sauerstoff füllt, der Ihren Bauch anschwellen lässt. Entspannen Sie sich, während Sie – wieder durch die Nase – ausatmen, und lassen Sie die Luft aus dem Körper strömen.

Werden Sie sich des natürlichen Rhythmus Ihres Körpers bewusst, während Sie weiter ein- und ausatmen. Fühlen Sie, wie der natürliche Rhythmus Ihres Atems den Körper anschwellen und abflachen lässt.

Richten Sie Ihre ganze Aufmerksamkeit auf die Luft, die in Ihren Körper gezogen wird und wieder aus dem Körper entweicht.

Fühlen Sie, wie konzentriert und ruhig Sie durch diese einfache Übung werden.

Seien Sie sich Ihres Körpergewichts bewusst.

Stellen Sie sich nun ein üppiges klares weißes Licht direkt über Ihrer Scheitelkrone vor.

Lassen Sie das Licht durch den Kopf tief in den Körper strömen und sich im ganzen Körper ausbreiten.

Werden Sie sich bewusst, wie leicht und hell sich Ihr Körper anfühlt.

Lassen Sie das weiße Licht im Rhythmus Ihres Atems durch den Körper fließen.

Und spüren Sie das Gefühl von Frieden, das es mit sich bringt.

Nehmen Sie bewusst wahr, wie leicht Sie sich fühlen, so als könnten Sie weg von Ihrem Körper nach oben in einen höheren Teil Ihres Geistes schweben – in den Teil, in dem Sie Klarheit finden, weil Ihnen bewusst wird, dass alles gut ist.

Und schließen Sie mit sich Frieden; erkennen Sie, dass Sie in diesem Zustand ruhig, ausgeglichen und vollkommen zufrieden sind.

Senden Sie von diesem höheren geistigen Zustand Signale an Ihren Körper, indem Sie die leise innere Stimme nutzen, die den höheren mit dem niedrigen Geist verbindet. Schicken Sie positive Signale des Friedens und der Zufriedenheit an Ihren Körper.

Seien Sie sich bewusst, dass Sie in diesem Zustand der Klarheit keine Ängste kennen und dass alle Ängste, die Ihr Körper angesammelt hat und festhält, sich auflösen lassen.

Senden Sie Signale, dass alles gut ist und dass Sie genau da sind, wo Sie sein sollten, hinunter an Ihren Körper.

Bleiben Sie ruhig, auch wenn die Dinge um Sie herum in Bewegung sind.

Bleiben Sie im Angesicht aller Widrigkeiten ruhig.

Machen Sie sich bewusst, dass Sie diesen höheren Zustand des Seins jederzeit erreichen können und dass Sie das Recht dazu haben.

Nehmen Sie sich einen Augenblick Zeit, diesen höheren geistigen Zustand zu genießen. Ruhen Sie in der Stille Ihres Geistes in Ihrer Kraft. Seien Sie eins mit sich selbst und spüren Sie, wie gut sich das anfühlt.

Nehmen Sie wahr, dass das wunderbare strahlend weiße Licht, in das Ihr Körper gehüllt ist, in alle Richtungen ausstrahlt.

Ziehen Sie langsam das Licht zurück in Ihren Körper. Spüren Sie, wie es alte Narben, alte Erinnerungen belebt und heilt. Lassen Sie das Licht alle dunklen Winkel im Körper erhellen, in denen Ängste schlummern könnten.

Fühlen Sie, wie das Licht erst durch den Körper und dann nach oben strömt und durch Ihre Scheitelkrone hinausfließt.

Nehmen Sie wahr, wie ein friedliches Gefühl durch Ihren Körper strömt, und fühlen Sie sich mit dem höheren Teil von Ihnen, der Sie mit allem verbindet, wieder vereint.

Fühlen Sie, wie Ihr Körper die Entspannung annimmt.

Und nehmen Sie Ihren Körper – sein Gewicht in diesem entspannten Zustand – noch bewusster wahr.

Atmen Sie wieder tiefer ein; lassen Sie die Luft tief in Ihre Lunge strömen und Körper und Geist wieder miteinander verbinden.

Seien Sie sich Ihres Körpers und des Ortes, an dem Sie sich befinden, mit jedem Atemzug bewusster.

Atmen Sie tief ein und aus. Ziehen Sie den Sauerstoff in den Körper und klären Sie wieder den Geist. Holen Sie sich in den Wachzustand des Bewusstseins zurück.

Und öffnen Sie die Augen.

Jetzt sind Sie für den Alltag bereit.

***

Ich empfehle neuen Schülern, diese Übung mindestens einmal pro Woche allein durchzuführen. Wenn sie einer medialen Gruppe angehören oder Einzelunterricht nehmen – wie es bei Steven und mir war –, ist dies eine gute Übung, um Vertrauen und unsere eigene mediale Energie aufzubauen.

Vergessen Sie nicht: Mediale Entwicklung bedeutet, dass Sie Kraft in sich und eine Verbindung zur feinstofflichen Welt entwickeln müssen. Sie müssen sich darauf vorbereiten, die Verantwortung für Ihr Leben und Ihre Handlungen zu übernehmen. Achtsam und entspannt zu sein erleichtert es Ihnen, viel klarer zu erkennen, was richtig ist und was nicht.

Auch das Gefühl, geerdet zu sein, gehört zu den wichtigsten Dingen, die Sie auf den spirituellen Weg mitnehmen können. Wenn ich eine verwirrende Situation im Alltag bewältigen muss, bitte ich nicht meinen Geistführer, zu kommen und mir zu helfen, sondern wende stattdessen diese Meditation an. Dadurch erreiche ich ein Gefühl der Ruhe und Ausgeglichenheit, bevor ich etwas unternehme, um die Situation zu ändern.

Als ich Steven diese einfache Meditation zum ersten Mal machen ließ, hatte sie eine erstaunliche Wirkung auf ihn. Vorher hatte er geglaubt, wenn er meditierte, würden Geistwesen kommen und ihm den Kopf mit Bildern, Botschaften und allen möglichen Gedanken vollstopfen. Daher überraschte es ihn, als ich ihm sagte, dass er mit seiner Entwicklung umso weiterkommen würde, je weniger er empfange.

Genau das verstehen die meisten Anfänger nicht: Sie glauben, die feinstoffliche Welt hätte nichts Besseres zu tun, als unseren Kopf mit Botschaften zu überfluten, von denen die meisten keinen echten Sinn ergeben. Doch wenn wir tatsächlich üben, unseren Geist zu klären, können wir klarere Mitteilungen empfangen, wenn der richtige Zeitpunkt gekommen ist.

Deshalb ermutigte ich meinen neuen Schüler, seinen Geist mit dieser Übung zu klären. Zu wissen, dass ich sie noch heute anwende – um je nach Situation Klarheit zu erhalten oder Verbindung mit meinem Geistführer aufzunehmen –, half ihm.

Außerdem sagte ich ihm, die Weiterentwicklung als Medium würde Jahre dauern, und wenn er nicht die Zeit dafür aufbringen wollte, sollte er unsere Sessions lieber jetzt beenden. Er wollte jedoch weitermachen und das Meditieren bis zur nächsten Sitzung üben, wann immer sie stattfinden würde. Da wusste ich, dass er medial wachsen würde und dass sich die geistige Welt ihm zeigen würde, wenn er bereit dafür war.

Um uns herum strömen viele unterschwellige Energien, die im Grunde unsere eigene Lebenskraft sind und mit denen wir uns vertraut machen müssen. Als ich mit dem Meditieren anfing, hatte ich immer das Gefühl, als würde mein Körper leicht vibrieren, und anfangs hielt ich das für meinen beschleunigten Herzschlag. Das Einzige, von dem ich wusste, dass es regelmäßige Pulsschläge aussendet, ist das Herz. Aber mittlerweile weiß ich, dass das Gefühl meine eigene Aura ist.

Die Aura ist eine Energie, die ein Teil von uns ist und die durch uns ausstrahlt. Für die meisten von uns ist es schwierig, sie zu identifizieren, da sie sehr subtil ist und in einer Geschwindigkeit vibriert, die normalerweise von unseren fünf Sinnen nicht wahrgenommen werden kann. Manche Hellsehende nehmen sie als ein helles Licht wahr, das den Körper eines Menschen umgibt. Mitunter sehen sie sogar in dem Licht Farben, die ihnen nähere Informationen über das Leben des Betreffenden geben. Über diese Energie gibt es noch viel zu lernen, doch meines Erachtens müssen wir zumindest erst einmal ihre Gegenwart als Teil von uns wahrnehmen.

Was Steven erlebt hatte, bevor wir uns kannten, war sein eigenes Energiefeld, das sich ihm gezeigt hatte und das er für Kommunikation der feinstofflichen Welt gehalten hatte. Er hatte nicht geahnt, dass es seine eigene Energie war, und es ziemlich verstörend gefunden:

Bevor ich Gordon kennenlernte, beunruhigte mich vor allem, dass ich Herzrasen spürte, wenn ich dachte, ein Geistwesen sei in meiner Nähe. Manchmal war das ziemlich beängstigend, weil ich glaubte, mein Herz würde gleich bersten!

Ich hatte niemanden, der mir das erklären konnte, und diese Situation verstörte mich sehr, doch als ich Gordon davon erzählte, blieb er ganz ruhig und erklärte mir das mit der Aura. Da ergab das Ganze einen neuen Sinn und macht mir keine Angst mehr.

Mein Lehrmeister hatte Jahre dazu gebraucht, die Energie zu verstehen, mit der er arbeitet – aber durch ihn hatte ich sie innerhalb von wenigen Minuten begriffen. Ich denke oft an die Leute, die – wie ich damals – mediale Erlebnisse haben, die ihnen Angst machen. Jetzt freue ich mich, wenn ich das Vibrieren spüre, weil es mir zeigt, dass ich meinen Geist auf eine viel höhere Schwingung anhebe, von der aus ich mich mit der feinstofflichen Welt verbinden kann.

Lehren und lernen

Ungefähr zu diesem Zeitpunkt fiel mir auf, wie sehr sich die Medialität geändert hatte. Medial Begabte meines Alters und Ältere hatten sich praktisch alle in medialen Zirkeln weiterentwickelt, doch Jüngere, wie mein neuer Schüler und andere, die erst vor kurzem diesen Weg eingeschlagen hatten, waren eher an Workshops und rasche – fast sofortige – Resultate gewöhnt.

All die Tricks und Spielchen, die heute angewendet werden, überzeugen mich nicht wirklich. Meines Erachtens muss die Lehre tiefer gehen. Einem medial begabten Schüler beizubringen, wie er einen Gegenstand lesen und Erinnerungen aus ihm herausholen kann, mag schön und gut sein, doch bei solchen Praktiken entsteht kein tieferes mediales Verständnis. Außerdem kann bei vielen oberflächlichen medialen Tricks Raten im Spiel sein oder sie können den Schüler dazu ermutigen, irrelevante Informationen aus der Person herauszuholen, was ich nicht mag. Dadurch eignet man sich schlechte Gewohnheiten als Ausbildungsgrundlage an, und so etwas lasse ich bei meinem Training nicht zu.

Es war auch für mich lehrreich, als ich Steven von der Art von Training abbrachte, an die er gewöhnt war. Es half mir zu betonen, was Schüler bei ihrer Entwicklung wirklich brauchen: eine gute Grundlage, eine unkomplizierte Vorstellung von der feinstofflichen Welt, wie wir mit ihr interagieren und aus welchen Gründen wir es tun. Es war an der Zeit, zu den Wurzeln zurückzukehren.

Alles, was ich Steven beibrachte, war einfach und leicht verständlich. Auch dachte ich mir Übungen aus, die ihm zeigten, was ich ihm beibringen wollte, und die es ihm ermöglichten, die feinstoffliche Essenz deutlicher zu spüren, statt nur noch mehr Worte zu hören. Damals merkte ich es zwar noch nicht, doch mein neuer Schüler lehrte mich tatsächlich, ein besserer Lehrer zu werden.

Alle Übungen in diesem Buch sind Übungen, die Steven halfen, Schritt für Schritt weiterzukommen, um letztendlich seine wahre Gabe nutzen zu können.

Mitunter kann es ziemlich entmutigend sein, etwas von Grund auf lernen zu müssen. Deshalb sage ich meinen Teilnehmern, dass es bei der medialen Entwicklung keinen richtigen Abschluss gibt. Das Üben wird einfach zu einem täglichen Teil des Alltags, was sehr positiv und fortschrittlich ist, wenn man es richtig betrachtet.

Egal, wie viel Sie schon zu wissen glauben oder wie weit Sie Ihrer Meinung nach auf dem medialen Weg schon gekommen sind – es lohnt sich immer, an den Anfang dieser Reise zurückzudenken. Mir tat es gut, an den Anfang zurückzukehren und mir näher anzusehen, was ich gelernt hatte, und dadurch lernte ich noch mehr darüber, da alles wieder ganz neu schien, weil ich es mit einem lernbegierigen Schüler teilte. Irgendwie gab mir das Unterrichten ein neues, aufregendes Gefühl.

Auch wenn ich seit über zwanzig Jahren an Entwicklungszirkeln teilgenommen habe und meine Fähigkeiten als Medium und Heiler entwickelt habe, freue ich mich immer noch über die Lehren, die ich aus der feinstofflichen Welt erhalte. Ich bin immer noch erstaunt und glücklich, ein Schüler der feinstofflichen Welt zu sein, und werde es wohl auch immer bleiben – bis ans Ende dieses Lebens und darüber hinaus. Und ich liebe es, diese Lehren an andere weiterzugeben und ihnen das beizubringen, was sie für ihre eigene mediale Entwicklung brauchen. Für viele ist es aufregend zu verstehen, wie die geistige Welt wirkt, und es kann sogar das ganze Leben verändern. In meinem Fall traf genau das zu, und deshalb drängt es mich, mein Wissen mit anderen zu teilen.

Die Visitenkarte

Seit Stevens erster Sitzung in der Stille wusste ich, dass die feinstoffliche Welt ihm ganz nahe war und wirklich mit ihm zusammenarbeiten wollte. Als ich ihm zuschaute, konnte ich sehen, wie sein Geistführer sein ganzes Gesicht veränderte. Doch ich war fest entschlossen, ihm nicht zu früh zu viel zu geben. Sein Kopf war schon mit allen möglichen archetypischen Vorstellungen, wie Geistwesen auszusehen hätten, vollgestopft. Das Letzte, was er brauchen konnte, waren noch mehr Informationen. Nun war es an der Zeit, seinen Geist zu klären und einen Weg zu finden, wie er das Geistwesen wahrnehmen konnte, das schon darauf wartete, sich ihm vorzustellen.

Wenn Sie über einen gewissen Zeitraum in der Stille meditieren, können Sie Ihre eigenen Gedanken erkennen und im Zustand der Entspannung Ihren Körper bewusst wahrnehmen. Es geht darum, erst sich selbst zu kennen; dann werden Sie alles Neue, das in Ihren Raum tritt, sofort spüren und identifizieren. So erkennen wir die Gegenwart von Geistwesen in unserer Nähe. Jedes von ihnen hat seine eigene Visitenkarte.

Steven erlebte Folgendes:

Ich weiß nicht mehr, wie oft ich zusammen mit Gordon in der Stille meditierte, doch nach einer Weile wurde das Gefühl, dass jemand neben mir stand, immer stärker. Außerdem spürte ich jedes Mal dasselbe: ein Kribbeln im Gesicht immer an derselben Stelle auf meiner linken Wange. Außer ein paar Gedanken, die keinen wirklichen Sinn ergaben, war das so ziemlich alles, was in jeder Sitzung mit Gordon passierte. Und am Ende der Session fühlte ich mich immer super. Ein früherer Lehrmeister hatte mir gesagt, ich hätte einen Geistführer aus Nordamerika, der Crazy Horse hieß, und ab diesem Zeitpunkt war ich mir ziemlich sicher gewesen, dieses Bild beim Meditieren im Geiste zu sehen. Aber immer wenn ich in den Sitzungen mit Gordon nach meinem Geistführer fragte, spürte ich nur dieses Kribbeln im Gesicht.

Als ich zum ersten Mal angewiesen wurde, meinen Geistführer zu bitten, sich mir zu nähern und zu zeigen, wurde das Kribbeln auf der Wange so stark, dass ich wusste: Er wollte mir auf diese Weise zeigen, dass er da war. Es war seine Visitenkarte für mich. Und sie war real – nicht so wie meine Vorstellungen über Crazy Horse.

Gordon hatte mich in dieser Sitzung nur angewiesen, die Visitenkarte zu bekommen, und genau das tat ich. Ich bat meinen Geistführer um nichts anderes. Aber es reichte auch. Es fühlte sich so wirklich an. Und dieses Zeichen war mein erster echter Kontakt mit meinem Geistführer.

Es ist ganz wichtig, eine Verbindung zu seinem Geistführer aufzubauen. Man kann entweder glauben, was andere einem erzählen – oder man kann es durch die richtigen Übungen ganz real selbst fühlen. Vertrauen Sie nicht dem, was Ihre Fantasie Ihnen vorgaukelt. Etwas zu sehen bedeutet nicht immer, dass es real ist – aber meiner Erfahrung nach ist es real, wenn Sie es fühlen.

Übung 2: Die Visitenkarte

Begeben Sie sich in die Stille, in Ihren eigenen stillen Raum, den Raum, der Sie in Ihre innere Mitte führt.

Sitzen Sie einfach still und ruhig im weißen Licht, das Ihnen bewusstmacht, wie ruhig und zufrieden Sie sind.

Schicken Sie am stärksten und intensivsten Punkt der Meditation einen Gedanken an Ihren Geistführer – nur einen einzigen Gedanken, mehr nicht. Fragen Sie ihn, ob er zulässt, dass Sie seine Gegenwart in Ihrem Raum fühlen.

Warten Sie darauf, dass sich irgendwas verändert – irgendeine Sinneswahrnehmung oder ein Gefühl. Stellen Sie keine weiteren Fragen. Tun Sie nichts, außer darauf zu achten, welche Veränderung – falls zutreffend – Sie fühlen.

Sitzen Sie einfach in Gegenwart Ihres Geistführers da und teilen Sie das Gefühl, ihn in Ihrem Raum zu haben, für einen Augenblick mit ihm.

Nun bitten Sie ihn, sich wieder zu entfernen.

Achten Sie darauf, ob sich das Gefühl verändert – achten Sie auf Ihre eigene Atmosphäre und ob sie sich verändert hat.

Atmen Sie nun wieder tief ein.

Werden Sie bei jedem Atemzug bewusster, bis Sie spüren, dass Sie bereit sind, die Augen wieder aufzumachen.

Öffnen Sie die Augen.

Nehmen Sie sich ein paar Minuten Zeit, das soeben Erlebte langsam zu überdenken. Betrachten Sie es aus einer ganz ruhigen Position heraus und fragen Sie sich, ob Sie wirklich eine Veränderung um sich herum gespürt haben und nicht nur irgendwas im Geiste gesehen haben. Vergessen Sie nicht: Es geht hier darum, eine Präsenz zu fühlen, und nicht, Bilder zu sehen.

***

Wenn Sie diese Übung in Ihre Meditation einbringen, müssen Sie dafür sorgen, dass sie genauso real bleibt, wie wenn Sie sich in die Stille begeben. Ermuntern Sie nicht grundlos irgendwelche Geistwesen, Sie zu besuchen. Bleiben Sie sich selbst treu. Achten Sie bei jeder Übungssession darauf, ob die Sinneswahrnehmung, die Sie für die Visitenkarte Ihres Geistführers halten, immer auftaucht, und schließen Sie alles andere aus, was ein solches Gefühl verursachen könnte.

Eine Frau, mit der ich vor vielen Jahren in einem Zirkel meditierte, erwähnte immer wieder die leichte Brise, die sie an den Fußknöcheln spürte, immer wenn ein Geistwesen zu ihr kam. Nur saß sie leider vor einem bodentiefen Fenster, das in der Ecke neben ihr ein Loch hatte …

Wie die Frau, die den Luftzug an den Knöcheln spürte, hielt auch ich einmal etwas für eine geistige Energie um mich herum, nur um später festzustellen, dass es etwas ganz Banales war, was durch die Räumlichkeiten verursacht wurde. Auch das war eine „übersinnliche“ Brise, die sich als Luftzug durch ein kaputtes Fenster herausstellte. Versuchen Sie immer, zuerst Ihren gesunden Menschenverstand anzuwenden, und gehen Sie erst dann, wenn alle anderen möglichen Ursachen ausscheiden, davon aus, dass die Energie oder Sinneswahrnehmung feinstofflicher Natur ist.

In diesem Stadium ist es wichtig, die Dinge so einfach wie möglich zu halten und zu warten, bis Sie wirklich die Gegenwart eines Geistwesens fühlen. Glauben Sie mir: Wenn es geschieht, werden Sie es wissen! Mehr müssen Sie zu diesem Zeitpunkt bei der Übung nicht tun.

Gehen Sie es langsam an. Es dauerte Jahre, bis ich meinen Geistführer Master Chi wirklich kennenlernte, und vieles, was mich verwirrte, wurde durch meine eigene Ungeduld verursacht. Anfangs hielt ich jedes Bild, das mir kam – beispielsweise das eines Tempelritters oder Indianers –, für das Aussehen meines Geistführers. Es waren jedoch alles nur meine Hirngespinste. Mein echter Geistführer stellte sich mir durch Gefühle vor – ich fühlte seine Gegenwart mehr, als dass ich ihn sah. Nach einer Weile wusste ich, dass er ein kleiner älterer Herr war. Dann suchte ich das Medium Albert Best auf. Er sagte mir: „Ich sollte Ihnen so was zwar nicht sagen, aber es ist der richtige Zeitpunkt: Ihr Geistführer ist ein orientalischer Gentleman."

Am Tag darauf zeichnete meine hellsehende Freundin Dronma ihn für mich. Und am Abend darauf teilte mir meine Lehrmeisterin Mrs. Primrose mit: „Ich muss dir das sagen, weil dein Geistführer es so will." Und sie beschrieb ihn mir wie erwartet. Es war ein tolles Gefühl, mein eigenes Bild innerhalb von so kurzer Zeit dreimal bestätigt zu bekommen.

Steven brachte die Geduld auf, die ich nie hatte. Und er machte nicht dieselben Fehler, die ich gemacht hatte. Ich war fest entschlossen, nicht zuzulassen, dass sich mein Schüler falsche Botschaften oder Phänomene zusammenreimte. Ganz langsam über einen Zeitraum von ungefähr zwei Jahren erhielt er nicht nur die Visitenkarte seines Geistführers, sondern auch eine Ahnung, wie dieser aussah. Manchmal spürte Steven seine Präsenz in Gestalt eines jungen Mannes, manchmal in der eines Alten.

Die Visitenkarte wurde immer deutlicher, und einmal hatte Steven das Gefühl, als hätte ihm jemand über die linke Wange gestrichen. Und er begann auch, die Persönlichkeit seines Geistführers zu spüren. Nach seinem Gefühl war sein Geistführer weitaus ausgeglichener als er selbst; er schien eine so beherrschende Ausstrahlung wie der Dalai Lama zu haben. Einmal sah Steven ihn als Schreiber, der an einem Schreibtisch saß und recht wohlhabend aussah. Er bat den Geistführer, ihm seinen Namen zu nennen, und hörte „Chen Tsung", was er jedoch niemandem verriet. Später bestätigte mein eigener Geistführer ihm diesen Namen, als ich in Trance war.

Die Schwingung anheben

Ihr Geistführer ist immer an Ihrer Seite, und auch wenn Sie es anfangs vielleicht nicht merken, werden Sie es mit der Zeit durch Übung und Geduld feststellen. In dem Moment, in dem wir unserem Geistführer Gedanken senden und ihn bitten, sich uns zu zeigen oder uns eine Visitenkarte zu schicken, an der wir ihn erkennen können, beschleunigt sich unsere eigene Energie. Sie muss sich beschleunigen, um unsere Sinne zu stärken; ansonsten können wir uns nicht mit der feinstofflichen Welt verbinden.

Der Grund dafür ist, dass unsere Welt und die feinstoffliche Welt nicht offen füreinander sein können, solange sich die Schwingung in einer der beiden Welten nicht verändert. Dies ließ mein Geistführer unsere Gruppe während einer der seltenen Channeling-Sessions wissen. Wie er uns mitteilte, muss ein Geistwesen seine Schwingungsrate verlangsamen, um dicht genug zu werden, damit wir sie fühlen können. Anderenfalls müssen wir unsere Schwingung beschleunigen, damit sie sich auf unser Energiefeld auswirken kann.

Eine Übung, die mir mein Geistführer empfahl, um Stevens Entwicklung zu fördern, war, Steven nahe genug an mich herantreten zu lassen, damit er meine Energie spüren konnte und fühlte, wie sie sich veränderte, wenn mein Geistführer näherkam. Dadurch konnte Steven eine deutlich erhöhte Energie wahrnehmen.

Ich halte das für ein gutes Experiment, das Schüler miteinander durchführen können. Es verschafft ihnen ein Gefühl dafür, was im Umfeld eines Mediums geschieht, wenn sein Geistführer durch ihn Informationen sendet. Wenn der Schüler in der Nähe von erhöhter Energie ist, bringt das auch seine eigene Schwingung auf eine viel höhere Ebene.

Für die Übung braucht man ein Team von zwei Teilnehmern, die zusammenarbeiten, und eine dritte Person, die sie instruiert. Daher baten wir Jim, uns durch die Übung hindurchzuführen.

Übung 3: Die Schwingung anheben

Eine Person setzt sich auf einen Stuhl; eine zweite Person stellt sich vor sie und legt die Hände leicht auf die Schulter des Partners. Der sitzende Schüler begibt sich in die Stille und wird ganz ruhig.

Der Stehende hebt die Hände nur 2–3 Zentimeter von den Schultern und versucht, die Aura zu fühlen, die beide umgibt.

Die Aura kann gespürt werden, wenn der Schüler bereit ist, sie auf dieser Ebene zu fühlen.

Der Übungsleiter fragt nun: „Spürst du an diesem Punkt irgendeine Veränderung in der Temperatur, heiße oder kalte Stellen, eine Schwingung oder ein Pulsieren? Achte auf jede neue Sinneswahrnehmung, die du um deinen Partner herum fühlst."

Nun bittet die sitzende Person ihren Geistführer, ihren inneren Raum zu betreten. Tut er das, verändert sich die Schwingung um die Teilnehmer herum.

Der Übungsleiter fragt dann den stehenden Teilnehmer: „Gibt es eine sofortige Veränderung in der Aura oder ist sie unterschwellig? Achte auf die Energie und lasse zu, dass dein Geist sich dafür öffnet. Versuche, Veränderungen im aurischen Feld deines Partners wahrzunehmen. Kannst du die Präsenz seines Geistführers wirklich spüren – vielleicht sogar seine Visitenkarte?"

Nun bittet der sitzende Teilnehmer seinen Geistführer, wegzutreten, und dankt ihm für sein Kommen.

Der stehende Teilnehmer atmet tief durch und entspannt sich, während er die Hände wieder leicht auf die Schultern des Partners legt.

Der Übungsleiter bittet beide, sich wieder voll und ganz auf das Hier und Jetzt zu konzentrieren und ihre Erfahrungen auszutauschen.

***

Es ist hilfreich, wenn sich Teilnehmer über ihre Erfahrungen bei einer Übung wie dieser austauschen, da dies ihre Bindung stärkt. Das ist wichtig, wenn sie irgendwann einen medialen Zirkel gründen möchten, in dem sie noch enger zusammenarbeiten. Diese Übung ermöglicht es Teilnehmern außerdem, die Schwingung des anderen auf eine höhere Ebene zu bringen und sich ihren Schwingungen anzugleichen. Auch das ist nützlich, da es für alle Teilnehmer eines Zirkels genauso wichtig ist, offen zueinander und auf einer Wellenlänge zu sein, wie es ist, mit der feinstofflichen Welt synchron zu sein.

Ich bekam durch diese Übung mit Steven auch ein Gefühl dafür, wie er mit der Energie umging, was er fühlte und wohin die Schritte in unseren Sessions aussehen sollten.

Die Übungen, die ich mit ihm machte, bereiteten ihn darauf vor, die feinstoffliche Welt so zu fühlen, wie er es sich wünschte. Die geistige Welt war zwar schon bereit, mit ihm zu arbeiten, doch er musste noch „feingestimmt“ werden, um zu erkennen, dass sein Geistführer ganz real ist, und um fürs Leben zu lernen.

Wie ich feststellte, wurde mein neuer Schüler darauf vorbereitet, Teil eines echten Entwicklungszirkels zu werden.

2

Der mediale Zirkel

Wenn Menschen zusammenkommen und anderen Gutes tun, ohne eine Gegenleistung zu erwarten, machen sie den Weg frei für die Liebe.

Master Chi

Mein erster Entwicklungszirkel traf sich in Mrs. Primroses Kirche in Glasgow, Schottland. Es war ein offener Kreis, d. h., jeder konnte daran teilnehmen. Daher kamen und gingen die Leute, weil sie entweder neugierig waren oder nur ein paar Mal vorbeischauten und feststellten, dass es für sie nicht das Richtige war. Meistens nahmen um die vierzig Personen daran teil, deren Entwicklungsstufen sich unterschieden, doch trotz der starken Fluktuation kamen mindestens zwölf Personen regelmäßig. Sie waren der Kern, der die Energie in der Gruppe aufbaute. Wenn ich an den Zirkel von damals zurückdenke, erkenne ich, dass meine Lehrmeisterin mich auf meine heutige Aufgabe vorbereitet hat.

Manchmal fragte ich Mrs. Primrose, ob wir einen privaten Zirkel nur mit der Kerngruppe gründen könnten, da in dieser Gruppe eine Menge Energie entstehen würde, mit der die geistige Welt arbeiten könnte. Doch sie antwortete immer nur, ich sei genau am richtigen Ort, und wenn die Zeit gekommen wäre, würde „die feinstoffliche Welt mich woandershin schicken". Wie meistens behielt sie recht – in einem großen offenen Kreis zusammen zu meditieren bedeutete, viele verschiedene Leute mit lauter unterschiedlichen Vorstellungen von der medialen Entwicklung kennenzulernen – von sehr Bescheidenen bis hin zu den größten Egozentrikern. Diese Art von Erfahrungen war für die Arbeit, die ich heute mache, äußerst wertvoll. Wenn Sie andere unterrichten, ist es notwendig zu verstehen, an welchem Punkt ihrer Entwicklung Ihre Schüler sich gerade befinden.

Nicht alle, die in unseren Zirkel kamen, wollten ein Medium oder Heiler werden. Manche schauten nur herein, weil sie sich für das Thema interessierten oder weil sie einsam oder traurig waren und Trost suchten. Andere tickten nicht ganz richtig; für sie war es ein Ort, an dem sie jedem zeigen konnten, wie „wichtig" sie waren.

Meine Lehrmeisterin behielt mich sieben Jahre lang in dieser Gruppe, und ich weiß auch warum. Dadurch erfuhr ich vieles über andere Menschen und ihre Bedürfnisse, und ich lernte, wie ich echten Begabten, die etwas vom Weg abgekommen waren, helfen konnte. Darum bat mich Mrs. Primrose in den letzten Jahren meiner Ausbildung bei ihr öfter. Sie zeigte mir jemanden und forderte mich auf: „Finde einen Weg für ihn." Als ich sie einmal fragte, warum wir einen Mann im Zirkel behielten, der vorlaut war, ständig störte und viele der anderen beherrschte, sagte sie nur, alle Energien könnten von der feinstofflichen Welt genutzt werden, und wenn wir ihn behielten, würde sie die Energie dieses Mannes schon verfeinern.

Nach ihrem Tod gründeten Jim und ich mit fünf anderen aus der offenen Gruppe unseren eigenen privaten Zirkel. Die feinstoffliche Welt hatte mich tatsächlich woandershin geschickt, und der Zeitpunkt für unseren eigenen medialen Zirkel fühlte sich richtig an.

Ich hatte gelernt, dass sich alles von alleine ergibt, wenn man etwas für die feinstoffliche Welt tun soll. Dann entsteht eine gewisse Synchronizität, die Ihre eigenen Gedanken bestätigt. Genau das geschah mit unserem Privatzirkel. Ich arbeitete damals so intensiv als Medium, dass ich kaum noch die Zeit für die

Kirche hatte, doch ich vermisste es, mich weiterzuentwickeln. So fragte ich Jim, ob wir unseren eigenen medialen Zirkel gründen sollten, und wenn ja, wen er dafür geeignet hielt. Ich hatte mir schon eine Liste im Kopf zurechtgelegt, aber ich wollte sehen, ob wir ähnlich dachten.

Jim zählte genau dieselben Namen auf, und ich fragte mich, ob sie auch schon dasselbe gedacht hatten. Das kann passieren, wenn man einem Zirkel beitritt – aus dem Blauen heraus kommt einem der Gedanke, jemanden zu kontaktieren, und ohne es zu wissen, hat derjenige denselben Gedanken. Unser erstes Mitglied musste ich noch nicht einmal fragen – Sandra rief mich von sich aus an und fragte, ob ich Interesse daran hätte, einen Zirkel mit ihr und Christine (die die Nächste auf meiner Liste war) zu gründen. Anscheinend hatten sie sich am Tag zuvor getroffen, und beide verspürten den Drang, wieder in einem Zirkel von Jim und mir zu sein.

Damals hatte ich auch einen seltsamen Traum: Ich träumte von einer Bekannten, die noch nie Teil eines Entwicklungszirkels gewesen war und, soweit ich wusste, das auch nie gewollt hatte. Dronma war tibetanische Buddhistin, und obwohl sie sich für spirituelle Themen interessierte und ich sie schon immer für sensitiv gehalten hatte, hatte sie mir nie den Eindruck vermittelt, an einem medialen Zirkel teilnehmen zu wollen.

Doch gerade als wir unseren neuen Zirkel planten, rief sie mich an und erzählte mir, sie habe einen bizarren Traum gehabt, in dem sie mit anderen in einem Kreis saß und in dem sich alle an den Händen hielten. Wie sie sagte, wollte sie mehr darüber herausfinden.

Kurz und gut: Sie wurde unser fünftes Mitglied, und als Künstlerin war sie ein Glücksfall für die Gruppe, da wir dachten, sie könne vielleicht die Bilder und Symbole zeichnen, die unsere Geistführer dem Zirkel sendeten.

Innerhalb einer Woche zählten wir sieben Mitglieder. Die beiden anderen waren Margaret, eine ältere Kundin meines Friseursalons, die gern Teil eines Zirkels sein wollte, und Pat, der als Medium arbeitete und mich fragte, ob ich vielleicht eine mediale Gruppe gründen wollte, da er das Gefühl habe, seine Gabe als Medium noch weiterentwickeln zu müssen.

All das entstand aus einem kleinen Gedanken heraus, der hinaus ins Universum geschickt worden war. Jetzt war unser Zirkel vollständig.

In den darauffolgenden sieben Jahren trafen wir uns jeden Sonntagabend um acht in unserer Wohnung und öffneten unseren sakralen Raum. Mit der Zeit bildeten sich zahlreiche wunderbare Verbindungen. Am stärksten war das freundschaftliche Band zwischen uns. Ich glaube, wir alle lernten voneinander, und immer, wenn einer von uns ein Problem hatte, eilte ihm die restliche Gruppe sofort zu Hilfe.

In diesem Zirkel baute sich eine unglaubliche Energie auf, und wir erhielten viele konkrete Nachweise aus der feinstofflichen Welt und auch ganz klare Lehren von unseren Geistführern. In der ersten Zeit erschien Master Chi regelmäßig und gab uns Anleitungen, die uns halfen, den Kreis aufzubauen. Weitere Lehrmeister sprachen manchmal durch die anderen Teilnehmer; sie gaben uns viele Ratschläge für den Alltag und für konkrete Probleme.

In der Gruppe herrschte nie Mangel an spiritueller Führung, und wir hatten immer das Gefühl, als würde der Zirkel auf einer viel tiefgründigeren Ebene arbeiten als der offene Kreis, an dem wir vorher teilgenommen hatten. Und die Zeichnungen, die Dronma während der Sitzungen anfertigte, bestätigten das, worauf die jeweiligen Teilnehmer eingestimmt waren, wenn sie mit der feinstofflichen Welt verbunden waren.

Selbst außerhalb der Sessions waren wir durch eine Art telepathischer Leitung miteinander verbunden – wenn einer von uns Sorgen oder Probleme hatte, spürten alle anderen sie und meldeten sich bei ihm. Auch wenn unser Zirkel vor fast zehn Jahren aufgelöst wurde, besteht unser sensitives Netzwerk noch heute.

So wie der offene Zirkel die Vorbereitung auf meine öffentliche Arbeit als Medium und Lehrer war, so vermittelte wohl dieser erste private Zirkel die Techniken der Entwicklungsarbeit, die ich nun anwandte, um Steven auszubilden.

Die Vorbereitung auf den Zirkel

Steven meditierte anderthalb Jahre lang als unser Schüler mit uns, bevor wir uns für die Arbeit als Gruppe öffneten. Mir war klar, dass er sich in einem Zirkel anders fühlen würde und dass die Energie, an die er und ich bei unseren Sessions gewöhnt waren, sich durch Jims Anwesenheit ändern würde. Deshalb nahm ich Jim manchmal zu unseren Trainingssessions mit, damit Steven die veränderte Kraft spüren konnte. Jim und ich waren daran gewöhnt, gemeinsam im Zirkel zu meditieren, aber ich wollte, dass auch Steven sich dazugehörig fühlte. Jeder neue Teilnehmer eines Zirkels bringt eine neue Energie mit, und die Eingewöhnung kann dauern. Schon viele Schüler haben mir gesagt, ihnen sei in einem Zirkel, zu dem sie eingeladen worden waren, unbehaglich zumute gewesen, da sie sich nie wirklich als Teil der Gruppe gefühlt hatten. Das sollte Steven nicht passieren. Ich hatte ihn sorgfältig vorbereitet, und auch wenn er noch viel lernen musste, war er schon etwas auf Jim und mich eingestimmt und konnte sich der feinstofflichen Welt annähern, als er anfing, an unserem Zirkel teilzunehmen.

Eines Sonntagabends um sieben Uhr beschlossen wir, in unserer Wohnung zusammenzusitzen. Das war der Tag, an dem wir in unserem vorherigen Zirkel in Schottland meditiert hatten, und daher fühlte es sich vertraut an. Es ist wichtig, den Zirkel jede Woche zur selben Zeit am selben Ort abzuhalten, denn dadurch wird die Energie an diesem Ort aufgebaut. Außerdem fördert es eine Art Verpflichtung und Engagement an die spezielle Zeit, die man sich für die feinstoffliche Welt nimmt.

Mittlerweile wusste unser neues Mitglied schon, was er während der Session zu tun hatte. Er hatte gelernt, im Geist Raum zu schaffen und seine Schwingung anzuheben, so dass sein Geistführer kommen und sich in diesem Raum aufhalten konnte. Er musste nur noch üben.

Viele Leute nehmen an, dass Geistwesen sich manifestieren und alle möglichen Phänomene auftreten, wenn wir in einem medialen Zirkel sitzen. Wenn sie nur wüssten, wie viel Energie und jahrelanges Engagement es braucht, um so etwas hinzubekommen! In unserem Zirkel wollten wir nur einen heiligen Raum schaffen, an dem wir uns versammeln und unsere Geistführer zu uns bitten konnten. Von Anfang an sagten wir Steven, dass wir alle Energien, die sich in der Gruppe aufbauten, nutzen wollten, um jemandem zu helfen, den wir kannten oder von dem wir gehört hatten. Das ist der Sinn und Zweck eines Zirkels: anderen zu helfen, denen es nicht so gut geht wie uns.

Wie in seinen vorherigen Sitzungen musste Steven nur zur Ruhe kommen und loslassen.

Übung 4: Im Zirkel meditieren

Suchen Sie sich einen Sitzplatz aus und machen Sie es sich dort bequem.

Halten Sie sich an den Händen, um die Sitzung zu eröffnen, und nehmen Sie sich für einen Augenblick die Zeit, die Gegenwart der anderen bewusst wahrzunehmen.

Der Leiter des Zirkels eröffnet die Session mit einem kurzen Gebet an die feinstoffliche Welt, in dem er den Zirkel während der Sitzung als Ort der medialen Arbeit anbietet.

Lösen Sie die Hände und lassen Sie sie entspannt auf den Schoß sinken.

Begeben Sie sich in die Stille und werden Sie sich Ihrer Kraft bewusst.

Sitzen Sie in Ihrer Kraft und nehmen Sie die Schwingung wahr, die um Ihren Körper herum und durch ihn hindurch geht.

Ruhen Sie in diesem geistigen Zustand und nehmen sie ihn mit in Ihren inneren Raum.

Wenn Sie bereit sind, Verbindung zu Ihrem Geistführer aufzunehmen, dann bitten Sie ihn, in Ihren inneren Raum einzutreten und Sie seine Visitenkarte spüren zu lassen.

Wenn Sie die Bestätigung fühlen, dass Ihr Geistführer bei Ihnen ist, laden Sie ihn ein, näher zu kommen, damit Ihnen seine energetische Schwingung vertrauter wird.

An irgendeinem Punkt wird sich der Geistführer wieder zurückziehen. Wenn Sie zufrieden sind mit dem, was Sie von ihm erfahren haben, können Sie ihn bitten, die zwischen Ihnen aufgebaute Energie denen zu schicken, die sie nötiger brauchen als Sie.

Beginnen Sie dann, sich mehr auf Ihren Körper und den Raum zu konzentrieren, in dem Sie sitzen, während Sie tiefer einatmen.

Öffnen Sie die Augen, wenn Sie dazu bereit sind, und warten Sie, bis alle anderen Teilnehmer wieder ganz im Hier und Jetzt sind.

Halten Sie sich nun an den Händen und lassen Sie einen Teilnehmer oder den Gruppenleiter die Sitzung mit einem Dank an die feinstoffliche Welt beenden.

Tauschen Sie anschließend Ihre Erfahrungen aus und finden Sie heraus, ob es gemeinsame Erlebnisse gab.

***

Jede Gruppe von Gleichgesinnten, die einen medialen Zirkel gründen möchten, kann diese Übung anwenden. Erwarten Sie anfangs nicht zu viel; es braucht Zeit, als Gruppe Energie aufzubauen, so dass die geistige Welt mit Ihnen zusammenarbeiten kann. Erfreuen Sie sich einfach an der Erfahrung, diesen Raum miteinander zu teilen – das zählt anfangs am meisten. Genießen Sie es, Zeit an einem ruhigen, friedlichen Ort mit Freunden zu verbringen, sich zu entspannen und eine Bindung aufzubauen. Wenn Sie genügend üben und sich engagieren, wird die spirituelle mediale Energie mit der Zeit immer stärker werden.

Jim und ich waren beide bereit, Geduld mit Steven zu haben. Doch selbst in den anfänglichen Sessions fühlten wir uns schon wohl und spürten, wie sich die Energie aufbaute. Irgendwie fühlte es sich anders an als Sitzungen in der Vergangenheit, aber es war noch zu früh, um zu wissen, welche Richtung dieser Zirkel nahm.

Unser Schüler schien sich jedoch sehr schnell weiterzuentwickeln. Es war, als würden wir ihm beim Erwachsenwerden zusehen. Nach nur sechs Monaten wöchentlicher Sessions hatte er die Gründe, warum die feinstoffliche Welt mit uns arbeiten und uns so vieles lehren will, schon besser begriffen – sein Verständnis der Dinge veränderte sich und er blühte langsam auf:

Auch schon bevor ich Gordon kennenlernte, wollte ich an seinem Zirkel teilnehmen. Aber bei meinen ersten

Versuchen verstand ich nicht wirklich, was passiert, obwohl er mir schon so vieles durch Meditation und abendliche Gespräche über die feinstoffliche Welt und alles Mögliche beigebracht hatte.

Ich konnte zwar deutlich spüren, dass mein Geist ruhig und klar wurde, und die Gegenwart meines Geistführers fühlte sich stärker an als zuvor, doch ich hatte immer das Gefühl, etwas empfangen oder anders machen zu müssen. So sehr ich mich auch um einen stillen und klaren Geist bemühte, konnte ich doch nicht umhin, kleine gedankliche Abstecher zu Ereignissen in der Vergangenheit zu machen. Zuerst verstand ich nicht, warum ich das tat, doch am Ende einer jeden Session sprachen wir über das, was passiert war und was wir gefühlt oder erlebt hatten, und es fühlte sich richtig an, Jim und Gordon von den früheren Erlebnissen zu erzählen, die mir wieder gekommen waren. Sie hörten zu, und statt mir Antworten zu liefern, baten sie mich, ihnen die Antworten zu geben.

Wenn ich meine Erklärung für das, was meiner Meinung nach ablief, gegeben hatte, sagte Gordon bloß „Gut", wenn ich richtig lag. Wenn er das Gefühl hatte, dass ich etwas übersah, schwieg er und warf mir nur einen Blick zu, der mir verriet, dass ich mich nicht genügend anstrengte.

Es mag zwar etwas egoistisch klingen, aber heute weiß ich, warum mir das passierte und nicht anderen. Wie ich glaube, gehört es zur anfänglichen Entwicklung dazu, das zu verstehen. Heute weiß ich, dass mir in den ersten Zirkelsitzungen emotionale Dinge gezeigt wurden, die ich mir erst näher ansehen und innerlich verarbeiten musste, bevor ich die nächste Ebene erreichen konnte. Es war nur logisch, da ich meinen Geistführer immer wieder darum bat, mir zu zeigen, wie ich mich weiterentwickeln könnte – aber wie sollte das funktionieren? Es gab so vieles in meinem Kopf, das ich erst noch ausräumen musste. Wie mir gesagt wurde, war ich selbst dafür verantwortlich.

Wieder einmal musste ich Geduld lernen. Und mir war nicht klar, dass wir selbst auf dieser Stufe in Wirklichkeit erst am Anfang standen.

An diesem Punkt hatte ich nicht vor, aus meinem Schüler ein Medium zu machen – das schafften nur er und sein Geistführer –, sondern ich konnte ihn nur vorbereiten, damit die feinstoffliche Welt ihn anleiten konnte. Alles, was ich bis dahin getan hatte, war, einen Menschen mit Potenzial auf eine gewisse Stufe zu bringen, damit der Prozess richtig beginnen konnte. Auch wenn Sie die geistige Welt bewusst wahrnehmen, müssen Sie sich trotzdem als Vermittler – oder Channel – vorbereiten, damit sie durch Sie arbeiten kann. Zu diesem Prozess gehört es, sich selbst zu begegnen und sich den eigenen Zweifeln und Ängsten zu stellen. Das war der Punkt, an dem Steven sich nun befand. Die Schnelligkeit, mit der er weiterkam, gab mir jedoch Hoffnung.

Nicht nur mein Schüler profitierte von unseren Sonntagstreffen, sondern auch ich: Ich spürte die erneuerte Verbindung zu meinen Freunden in der feinstofflichen Welt. Obwohl ich oft genug als Medium Mitteilungen an andere weitergebe, ist das Erleben der feinstofflichen Welt im medialen Zirkel viel beeindruckender und lohnenswerter, wenn man dranbleibt und sich genügend Zeit nimmt.

Und zweitens waren Jim und ich wieder in einem medialen Zirkel. Den hatten wir beide schmerzhaft vermisst – schließlich hatten wir für den Großteil unseres Erwachsenenlebens zusammen in der Gruppe meditiert. Zwei Jahre ohne das mediale Klassenzimmer waren genug. Es fühlte sich gut an, wieder dabei zu sein – und was noch mehr war: Irgendetwas wuchs in mir, das sich schon bald in den Gruppensessions zeigen würde. Dessen war ich mir sicher.

3
Heilung

Heilung bedeutet Besserung und die Wiederherstellung des inneren Gleichgewichts. „Und wie schaffen wir das?“, fragst du. Mitgefühl ist die Antwort. Wenn ich das Wort nur ausspreche, fühle ich mich schon besser.

Master Chi

Ein Jahr nach Beginn unseres kleinen Privatzirkels waren wir alle überglücklich, dabei zu sein. Es war, als wären wir auf eine Macht eingestimmt, die einem Sicherheit und Schutz vor den Alltagsproblemen gab, mit denen sich jeder im Leben herumschlagen muss. Wir waren von einem erstaunlich wohligen Gefühl umgeben, das Heilung, Wohlbefinden und Ausgeglichenheit brachte.

Auch wenn wir in unserer kleinen Gruppe nur zu dritt waren, entstand eine starke Kraft unter uns, da wir nie versuchten, etwas von der sich aufbauenden Energie abzuzwacken, sondern nur dazu beisteuern und ein Teil von ihr sein wollten.

Viele mediale Zirkel starten mit Gedanken wie „Wie können wir davon profitieren?" oder „Was bringt mir das?" oder – noch schlimmer – „Wie lange dauert es, bevor wir irgendein Phänomen erleben werden?" Solche Überlegungen hegten wir nicht. Es reichte uns, einfach nur in der Stille zu sitzen und die Gegenwart unserer Geistführer in unserem inneren Raum zu fühlen. Jim und ich kannten es schon, und der Neue war bestens darauf vorbereitet worden.

Sitzt man in einer solchen spirituellen Energie, entwickelt man sich automatisch weiter. Steven wurde vieles bewusst, das er angehen und überwinden musste. Nun hatte er das Gefühl, mit einer höheren Macht verbunden zu sein, die ihm das Selbstvertrauen gab, das er dafür brauchte. Viel Heilung fand statt, und nicht nur bei unserem Schüler – auch Jim und ich spürten die Heilung von Gefühlen, die tief in unserer Seele schlummerten.

Ich glaube, wir alle akzeptierten die Tatsache, dass es in unserem Zirkel zu diesem Zeitpunkt nur um Heilung ging. Selbst wenn wir das Gefühl hatten, dass die feinstoffliche Welt uns etwas lehren wollte, ging es auch da immer um Heilung.

Dieses scheint bei der medialen Entwicklung ein ganz natürlicher Prozess zu sein. Der Schlüssel zur Entwicklung ist Heilung, die auch ein hervorragendes Mittel für ein Medium ist. Jemandem als Medium eine Botschaft zu überbringen ist das Eine – doch wenn sie weder Mitgefühl noch Tiefe enthält und nicht heilend wirkt, besteht sie nur aus leeren Worten.

In meinem ersten medialen Zirkel ließ Mrs. Primrose mich anfangs nur dasitzen und alles vergessen, was ich über das Medium in mir zu wissen glaubte. Und erst drei Jahre später, als sie sicher war, dass ich die feinstoffliche Welt um mich herum wirklich fühlen konnte und mein Bedürfnis, ungeduldig weiterzukommen und andere zu beeindrucken, verschwunden war, ließ sie mich den nächsten Schritt machen: das Heilen.

Anfangs war ich verwirrt. Ich hielt es für besser, an meiner Medialität zu arbeiten. Es fühlte sich natürlicher an, anderen Leuten Botschaften zu überbringen, und obwohl ich keine echte abgeschlossene Ausbildung zum Medium hatte, ging meine Entwicklung meiner Meinung nach in diese Richtung. Doch meine Lehrmeisterin wusste es besser, und so fügte ich mich ihrem Willen und arbeitete donnerstagabends mit einem ausgebildeten Heiler, der mir die Kunst des spirituellen Heilens beibrachte.

Es war genau das Richtige für mich, denn die Eigenschaft des Heilens sagte mir auf Anhieb zu. Und das Erste, was ich in der Heilgruppe lernte, war, Verbindung zu meinem Geistführer aufzunehmen.

Der Geistführer

Ich war daran gewöhnt, dass sich Chi mir im Zirkel zeigen würde, und hätte nie gedacht, es könnte ein anderer sein, der mit mir zusammen an Heilung arbeitete. Doch kurz nachdem ich Chi kennengelernt hatte, wurde ich mir auch noch eines Tibeters bewusst. Seine Präsenz wurde deutlicher, als Mrs. Primrose mich aufforderte, Heilung zu üben. Offensichtlich wusste sie, dass er mein Geistführer war, der nur darauf wartete, sich mir zeigen zu können.

Es ist nicht schwer zu lernen, die Veränderungen der Geistwesen wahrzunehmen, die mit einem zusammenarbeiten. Kennt man die Visitenkarte seines Geistführers und weiß man, wie sie sich bei seinem Eintreffen anfühlt, lässt sich eine Veränderung einer anderen Essenz leicht erkennen, die neue Sinneswahrnehmungen und eine völlig andere Visitenkarte mitbringt.

Ich bin schon vielen Leuten begegnet, die behaupten, Dutzende von Geistführern aus allen möglichen Ebenen der Existenz zu haben. Das kann ja sein, aber ich sehe keinen Sinn darin. Wenn wir einen Geistführer kennen und uns an seine Zeichen gewöhnt haben, bewahrt uns das vor Verwirrung. Kennen wir seine Zeichen, sind wir bereit, unser Bewusstsein zu erweitern, um noch einen zweiten spirituellen Lehrer zu akzeptieren, der unsere Energie mit einer weiteren Fähigkeit wie dem Heilen bereichern will. Das ist auch weniger verwirrend als eine Vielzahl an Geistführern.

Es gibt auch Menschen, die keinen zweiten Geistführer oder eine andere Essenz beim Heilen fühlen, und auch das ist in Ordnung. Mir scheint, als hätte mir die geistige Welt einen Geistführer und einen Geistheiler zur Seite gestellt, damit ich zu unterscheiden lernte zwischen der Vermittlung von Botschaften oder Weisheiten und der Heilessenz beim Händeauflegen. Wenn ich den heilenden Geistführer spüre, zeigt er mir, dass mein Klient Heilung statt einer Mitteilung braucht. Das ist das Zeichen für mich.

Es muss einen Grund geben, warum Geistwesen zu uns kommen. Deswegen ergibt es Sinn, dass sie uns beibringen, sie langsam zu erfühlen lernen und zu verstehen, wer sie sind und warum sie da sind. Das kann jedoch nur dann geschehen, wenn wir ihnen zeigen, dass wir für den nächsten Schritt bereit sind.

Hier ist eine Übung für Schüler, die ihren Geistführer kennen und die ihre aufgebaute spirituelle Energie zwecks Heilung anderer einsetzen möchten. Diese Übung macht ihnen den nächsten Schritt leichter:

Übung 5: Dem eigenen Geistheiler begegnen

Setzen Sie sich wie immer hin, entspannen Sie sich und atmen Sie tief ein.

Begeben Sie sich in die Stille und bauen Sie die Kraft auf.

Sitzen Sie in Ihrer Kraft und nehmen Sie bewusst wahr, wie Sie sich in diesem erhöhten Zustand des Selbst fühlen.

Bitten Sie Ihren Geistführer, in Ihren inneren Raum zu kommen, wenn Sie spüren, dass sich Ihr Bewusstsein genügend erweitert hat.

Nehmen Sie die Visitenkarte wahr, die Ihnen mittlerweile vertraut ist, und sagen Sie: „Willkommen, mein Freund."

Bleiben Sie eine Weile in Gegenwart Ihres Geistführers sitzen und lassen Sie dabei Ihre Energien miteinander verschmelzen.

Genießen Sie es, Zeit in diesem spirituellen Energiefeld zu verbringen.

Bitten Sie nun Ihren Geistführer, sich aus Ihrem Raum zu entfernen, und achten Sie darauf, wie Sie sich in Abwesenheit seiner Energie fühlen.

Bitten Sie ihn dann wieder in Ihre Energie herein und fühlen Sie erneut das Einssein mit ihm.

Fragen Sie ihn jetzt, ob Sie einen Geistheiler haben und so weit sind, ihn kennenzulernen.

Versuchen Sie zu spüren, ob es eine Antwort auf Ihre Frage gibt. Fühlen Sie die Reaktion mit Ihren erhöhten Sinnen.

Fragen Sie ihn, wenn Sie das Gefühl haben, dass die Antwort positiv ist, ob Sie Ihrem Geistheiler begegnen können. Fragen Sie ihn, ob Sie seine Visitenkarte fühlen dürfen oder ein

Zeichen dafür, dass er mit Ihnen verbunden ist, erhalten können.

Nehmen Sie jegliche Veränderungen, die sich einstellen, wenn Ihr Geistheiler Ihren Raum betritt, bewusst wahr.

Nehmen Sie sich wie bei der Begegnung mit Ihrem Geistführer Zeit, um die Präsenz Ihres Geistheilers zu spüren und sich in seiner Energie wohlzufühlen.

Bitten Sie, wenn sich der Augenblick richtig anfühlt, Ihren Geistheiler, sich wieder aus Ihrem Raum zu entfernen, und danken Sie ihm dafür, dass er es Ihnen ermöglicht hat, sich in seiner Nähe aufzuhalten.

Danken Sie Ihrem Geistführer und bitten Sie ihn, sich wieder zu entfernen. Danken Sie ihm auch dafür.

Entspannen Sie sich und atmen Sie tief ein, um die Lunge mit Sauerstoff zu füllen.

Atmen Sie weiterhin tief ein und kommen Sie mit jedem tiefen Atemzug ein Stück mehr ins Hier und Jetzt zurück. Konzentrieren Sie sich immer mehr auf den Raum, in dem Sie sitzen, und öffnen Sie die Augen, wenn Sie dazu bereit sind.

***

Wie ich war Steven anfangs etwas verwirrt, als ihm aufgetragen wurde, seinen Geistheiler darum zu bitten, zu ihm zu kommen und sich vorzustellen. Wie ich hatte er sich gerade erst an den ihm schon vertrauten Geistführer gewöhnt und sollte nun einen anderen kennenlernen.

Seine erste Begegnung mit seinem Geistheiler fand in unserem medialen Zirkel statt. Einer der Gründe, warum wir ihn als Heiler ausbilden wollten, war, dass ich am Ende unserer Sessions vom anderen Ende des Raumes häufig seinen Geistheiler sehen konnte, der sein Gesicht veränderte. Sein Geistheiler war ein junger Mandarin mit dunklem Schnurrbart, hohen Wangenknochen und durchdringenden dunkelbraunen Augen. Die Verwandlung war ziemlich dramatisch, vor allem, weil Steven strahlend blaue Augen hat. Es ist für mich immer wieder faszinierend, wenn ich mich mit jemandem unterhalte und sehe, wie ein Geistwesen sein Gesicht verändert. Ich höre zwar, wie jemand zu mir spricht, aber gleichzeitig sehe ich das Gesicht eines anderen – wie bizarr!

Doch für mich ist das immer ein Zeichen, dass sich bei meinen Schülern etwas ändert. Und nun zeigte sich Stevens Geistheiler mir gegenüber, damit ich Steven zur Heilarbeit anleiten konnte.

Heilungen durchführen

Ich selbst hatte fast zwei Jahre lang an der Heilgruppe teilgenommen, bevor ich in meiner Entwicklung so weit fortgeschritten war, dass ich medial arbeiten konnte. Schon bald durfte ich mit einer ausgebildeten Heilerin mehrere Patienten behandeln. Zuerst wählte die Heilerin jemanden aus, der Heilung brauchte, und ließ ihn Platz nehmen. Dann legte sie ihm die Hände auf die Schultern. Ich wurde angeleitet, mich vor den Teilnehmer zu stellen und meinen Geistheiler zu bitten, herbeizukommen und seine Energie beizusteuern. Das machten Jim und ich dann auch mit unserem Schüler.

Jim heilte schon seit über zwanzig Jahren medial und eignete sich am besten dafür, Steven durch einige einfache Grundübungen der Heilarbeit hindurchzuführen. Als wir uns kennenlernten, beherrschte er die Heilkunst schon, die er in einer charismatischen Gruppe einer katholischen Kirchengemeinde gelernt hatte. Der Gemeindepfarrer war ganz unorthodox gewesen und hatte mit anderen Menschen, die wie er an die Heilkräfte des Heiligen Geistes glaubten, die Gruppe gegründet.

Jim war ein Naturtalent; er war von Natur aus mitfühlend und wollte rasch mehr über das Thema und andere, die die Heilkunst anwenden, erfahren. Das war einer der Gründe, warum er ein Mitglied von Mrs. Primroses Gemeinde wurde: um zu lernen, wie Heilung angewendet und gelehrt wird.

Mrs. Primrose und Jim bauten schnell eine freundschaftliche Beziehung auf, und sie freute sich, dass er bleiben und mehr über die Heilarbeit in ihrer Kirchengemeinde erfahren wollte. Auch spürte sie instinktiv, dass er ein geborener Heiler war und dass die (Heil-)Energie durch ihn fließen würde, um anderen zu helfen – egal ob vom Heiligen Geist oder seinem eigenen Geistheiler.

Jim und ich begannen, in unserem privaten Zirkel Heilsitzungen abzuhalten. Auch wollten wir anderen vermitteln, was geschieht, wenn jemand Heilenergie channelt. Was geschieht beispielsweise, wenn ein Heiler seine eigene Heilenergie abgibt? Hat das eine andere Wirkung auf den Klienten oder auch den Heiler? Oder kommt die Heilenergie immer von einer höheren Quelle als dem; der channelt? Wir hatten Übungen, mit denen sich unsere Geistführer testen ließen und die uns während der Sessions Antworten lieferten. Wir lernten, dass die feinstoffliche

Welt manchmal jemanden nicht zu einem bestimmten Zeitpunkt heilen will. In diesen Fällen nahm der Heiler es auf sich, seine eigenen positiven Wünsche als separate Kraft zu channeln. Dadurch konnte zwar dem Patienten geholfen werden, doch nach der Session war der Heiler häufig erschöpft, was nicht der Fall war, wenn die Heilenergie von einer höheren Quelle kam.

Eine unserer deutlichsten Erkenntnisse damals war, dass wir dem Klienten immer die Hand auflegten, wenn sein Problem körperlicher Natur war. Hatte er jedoch ein psychisches oder emotionales Problem, dann stellten wir fest, dass unsere Hände zur Aura des Klienten gelenkt wurden.

Darüber hinaus leitete Jim mehrere Jahre lang eine Heilklinik der spiritistischen Kirchengemeinde von Glasgow, in der angehende Heiler an den Gemeindemitgliedern üben konnten. Jim gab ihnen gute Hilfestellung beim Heilen, der Arbeit mit ihren Geistheilern und ihrer Einfühlsamkeit gegenüber den Bedürfnissen des Patienten. Da er einen Großteil seines Lebens als Krankenpfleger in Kliniken gearbeitet hatte und auch als Behindertenbetreuer, war er sicherlich genau die richtige Person, die der feinstofflichen Welt als Heiler dienen konnte. Aus diesem Grund wusste ich, er würde sich perfekt eignen, mit Steven am nächsten Schritt seiner Entwicklung zu arbeiten.

Anfangs ließ Jim Steven nur an ihm selbst Heilung üben. Dann wies er ihn an, an mir zu arbeiten, wenn ich da war. Zu diesem Zeitpunkt sollte er nur lernen, wie man die Heilung beginnt und abschließt, in welchem Winkel man zu dem Patienten steht und Ähnliches.

Jim gab Steven Übungen auf, mit denen er sich auf Patienten einstimmen und aktuelle Beschwerden oder Narben aus früheren Krankheiten erfühlen konnte. Wir wollten herausfinden, ob er die Art von Instinkt hatte, mit der er die Schmerzen oder Beschwerden eines anderen fühlen könnte, und ob er noch andere hilfreiche Fähigkeiten besaß, wie zum Beispiel den erkrankten Körperteil zu sehen.

Alles an diesen Übungen nützte unserem Schüler, denn sie machten ihn offen dafür, mehr über Heilung und Mitgefühl zu lernen. Das war für seine gesamte Entwicklung wichtig.

Es war beeindruckend zu sehen, mit welchem Engagement Steven seine Heilarbeit anging und welche Verbundenheit er zu Jim aufbaute. Auch außerhalb der Trainingssessions trafen sie sich manchmal, wenn ich gerade im Ausland tätig war, und sprachen über ihr Leben. Es tat Steven sehr gut, Vertrauen zu anderen fassen zu können und über sein Leben und seine Pläne, Heiler oder Medium zu werden, zu sprechen. Allmählich wurde er offener und begann, eigene schmerzhafte Ereignisse und Erinnerungen zu heilen.

Jim zeigte Steven eine einfache Übung, die er allein durchführen konnte und mit der er sich einmal in der Woche selbst heilen konnte. Von Mrs. Primrose hatten wir beide gelernt, dass man erst sich selbst heilen sollte, wenn man andere heilen möchte. Es ist wichtig, den eigenen Schmerzlevel in diesem Leben zu erkennen. Ich habe oft den Eindruck, dass wir andere nur so tief heilen können, wie wir selbst geheilt sind, und dass es leichter ist, den Schmerz anderer zu fühlen, wenn wir selbst Schmerzhaftes erlebt haben.

Daher wies Jim Steven an, in der Stille zu meditieren und seinen Geistheiler einzuladen, ihm dabei zu helfen, Aspekte seiner Vergangenheit zu finden, die verstanden und geheilt werden mussten. So bat er ihn beispielsweise, ihm sein drängendstes – körperliches oder seelisches – Problem zu zeigen. Mit der Hilfe seines Führers identifizierte er es dann und begann, es zu heilen. Wenn wir in der Stille meditieren, können wir den Geist auf eine höhere Perspektive anheben und aus diesem Blickwinkel Lösungen erkennen, die im Alltag, in dem uns der Kopf von allem Möglichen schwirrt, oft nicht deutlich werden.

Jim ist ein hervorragender Heiler, der schon Hunderte von Heilsessions durchgeführt hat, doch die Arbeit als Stevens Lehrmeister machte ihm besonderen Spaß. Es inspirierte ihn zu sehen, wie begeistert und motiviert sein Schüler war.

Zwar sah Jim, dass Steven wie ich ein geborener Heiler war, doch seine Fähigkeit, während der Übung zu sehen und zu fühlen, bedeutete, dass er auch als Medium arbeiten könnte, wenn er wollte. Das Wichtigste an ihren Sessions war jedoch, dass Stevens Selbstvertrauen und Bewusstsein stärker wurde. Die Bilder, die ihm in den Sinn kamen, verwirrten ihn nicht länger. Er hatte nun den festen Willen zu heilen und ein viel stärker entwickeltes Mitgefühl. Deshalb brachte er etwas ganz anderes in seine Entwicklung mit ein.

Wir fingen an, Leute, die um Heilung baten, zu uns nach Hause einzuladen und Steven zusammen mit Jim an ihnen arbeiten zu lassen. Es war interessant zu sehen, wie sie auf die Energie reagierten, die ihnen der Heiler und sein Schüler zuströmen ließen.

Jeder von uns, der der feinstofflichen Welt dient, ist ein Instrument für das Channeling von Energie aus den höheren, subtileren feinstofflichen Bereichen in unsere physikalische Welt. Unabhängig davon, ob es sich um eine Botschaft eines Verstorbenen oder eine Form von Heilung handelt, muss die Rolle der Person, die sie übermittelt, so klar wie nur möglich sein, damit alles, was durchkommt, so rein wie möglich ist. Das ist eine der Lehren meines Geistführers, und immer, wenn ich der feinstofflichen Welt auf irgendeine Weise diene, versuche ich, ein so reines Channel wie nur möglich zu sein. Wenn meine Gedanken im Weg sind oder ich über das, was ich tue, nachdenke, blockiert das die Botschaft oder den Heilungsprozess.

Aus diesem Grund bringe ich anderen das bei, was ich von großen Lehrmeistern auf der Erde und der feinstofflichen Welt gelernt habe, damit unser Geistheiler uns möglichst nahe kommen und unseren inneren Raum ausfüllen kann. Mittlerweile hatte Steven schon mehr Vertrauen in seine Heilarbeit und war eindeutig an dem Punkt angelangt, an dem sein Geistheiler seinen Schatten über Steven legen und seine Hände lenken würde:

Im Entwicklungszirkel mit Jim und Gordon hatte ich oft das Gefühl, als würden meine Hände bewegt werden, doch ich leistete immer Widerstand und ließ sie auf meinem Schoß liegen. Als die Verbindung zu meinem Geistheiler stärker wurde, wurde es jedoch immer schwerer, der Wahrnehmung nicht nachzugeben.

Es fühlte sich so an, als würde sich viel Energie um meine Hände herum aufbauen. Diese Energie wirkte wie ein Magnet, der so stark an meinen Händen zog, dass ich dem Sog schließlich nachgeben musste und zuließ, dass sie in die Höhe gezogen wurden. Das Gefühl war unglaublich, weil ich die Richtung, in die diese magnetische Energie meine Hände lenkte, nicht kontrollieren konnte.

Es war, als wären meine Arme leichter geworden und als würden alle Knochen und Sehnen von einem anderen Geist geführt. Das überwältigte mich, weil ich schon mehrere Jahre mit geschlossenen Augen in dem Zirkel gesessen und darauf gewartet hatte, dass endlich etwas geschah – und dann das!

Schon bald darauf erlebte ich noch etwas Besseres, nämlich als die feinstoffliche Energie mich hochzog, so dass ich mit geschlossenen Augen mitten im Kreis stand. Eigentlich wollte ich es nicht glauben, aber es war schwer, daran zu zweifeln, als ich, ohne es zu wollen, die Hand ausstreckte und spürte, wie meine Fingerspitze eine andere Hand berührte.

Dieselbe Kraft bewirkte, dass ich die Augen nicht aufmachen konnte. Ich konnte also nicht sehen, was gerade geschah, doch mein Finger bewegte sich, als würde er dem Finger der anderen Person folgen. Das Ganze ging so schnell, dass ich keine Zeit zum Nachdenken hatte. Es war ein sehr seltsames Gefühl – meine Hand wurde von meinem Geistführer gelenkt, der eine erstaunliche Koordination bewies, ohne durch meine Augen sehen zu können.

Mit der Zeit habe ich begriffen, dass ich dadurch lernen sollte, der feinstofflichen Welt zu vertrauen. Wenn ich jetzt mit meinem Geistführer zusammenarbeite, lasse ich meine Hand von ihm führen, weil ich darauf vertraue, dass er die Bedürfnisse des jeweiligen Patienten viel besser kennt als ich. Die Ereignisse im Zirkel waren das Mittel meines Geistführers, mit dem er mich darauf vorbereitete, zuzulassen, dass die feinstoffliche Welt meinen Körper nutzt. Wie ich heute weiß, ging es um Vertrauen.

Wenn man als Heiler arbeitet oder auch nur unter der Anleitung eines ausgebildeten Heilers übt, muss man der geistigen Welt vertrauen, mit der man sich in früheren Übungen zu verbinden gelernt hat. Jetzt ist auch der Zeitpunkt gekommen, an dem man lernen muss, Intuition und Instinkt noch mehr einzusetzen.

Ein wichtiger Teil von dem, was ich an diesem Punkt meiner Entwicklung gelernt hatte, war, den Zustand des Patienten zu fühlen – seine Schmerzen oder die Last seiner Gefühle und Ähnliches. Diese Wahrnehmungen hat man auch häufig als Medium, nur ist es dann das Geistwesen in der feinstofflichen Welt, das sie auf einen überträgt, um dadurch zu zeigen, wie es gestorben ist oder vor dem Tod gelitten hat. Vieles, was ich fühle, wenn ich heute als Medium arbeite, stammt von dem, was ich gelernt habe, als ich in meinen frühen Heilsessions in engem Kontakt zu den Patienten stand. Es zeigt mir wieder einmal, dass Mrs. Primrose genau wusste, was sie tat, und heute bekomme ich als Lehrmeister mit, wie sehr meine eigenen Schüler davon profitieren, das Heilen zu üben – am Anfang ihrer Entwicklung und auch später.

4
Deutschland

Das Reisen ist eine gute Sache; es gibt dir die Möglichkeit, dich mit anderen zu verbinden und ihre Lebensweisen kennenzulernen. Lernen und sich miteinander verbinden – das ist das Mittel der geistigen Welt.

Master Chi

In jener Zeit reiste ich durch Europa. Ich arbeitete als Medium und hielt Vorträge über die feinstoffliche Welt, mediales Heilen und das Leben nach dem Tod. In Frankfurt fragte man mich, ob ich einen Workshop über die Entwicklung des inneren Mediums leiten würde; er sollte ein Wochenende dauern und für ca. vierzig Teilnehmer mit unterschiedlichen Vorkenntnissen und Interessen an den obigen Themen angeboten werden. Ich sagte zu.

Da er so kurzfristig stattfinden würde, konnte ich zwar keinen Kursplan zusammenstellen, aber ich hatte schon Hunderte solcher Workshops abgehalten und dachte, ich könnte ihn spontan durchführen und mich von der feinstofflichen Welt leiten lassen.

Gewöhnlich fällt mir das leicht, doch zu Anfang dieses Workshops merkte ich, dass die Teilnehmer nicht mitkamen. Ich hatte vierzig Leute, die im Kreis saßen, und ich versuchte, ihnen allgemeine Kenntnisse über die Entwicklung und meine jahrelangen Erfahrungen als Medium zu vermitteln. Doch wie ich sehr schnell herausfand, hatten die Teilnehmer ein so unterschiedliches Wissen über das Thema, dass die meisten von ihnen rasch das Interesse verloren. Manche wussten nicht einmal, was ein Medium tut; andere fragten mich, zu wie vielen Geistführern sie im Laufe des Wochenendes wohl Kontakt aufnehmen könnten (über diese Frage konnte ich nur schmunzeln). Und einige Teilnehmer erklärten, sie hätten an einer medialen Fachschule schon eine einwöchige Ausbildung zum Trancemedium gemacht und bräuchten nun ein weiterführendes Seminar.

An diesem Punkt wurde mir klar, was sie alle wirklich brauchten. Also erklärte ich ihnen ausführlich, was es heißt, sich zum Medium weiterzuentwickeln, und welche Verantwortung diese Aufgabe mit sich bringt. Ich sagte ihnen, dass dies zwar ein Wochenend-Workshop sei, doch wenn unter ihnen jemand ernsthaftes Interesse daran hätte, würde ich diese Teilnehmer an den Anfang zurückführen und ihnen ein paar wirksame Methoden zeigen, die sie ausprobieren könnten. Dann würden wir sehen, wer von ihnen noch mehr darüber erfahren wolle.

Als ich fertig war, herrschte betretene Stille im Raum. Selbst die, die zum „Trancemedium ausgebildet" worden waren, sahen mich beschämt an. Und auch diese „Profis" blieben, um zu sehen, was ich ihnen noch beibringen könnte.

Aber was würde ich ihnen beibringen? Als ich mit ihnen über Meditation sprach, musste ich wieder einmal feststellen, dass die meisten von ihnen zwar schon irgendeine Form der Meditation kannten, doch auch hier waren die Techniken merkwürdig und wundersam, und keiner meiner Teilnehmer hatte wirklich verstanden, was er gelernt hatte oder was er mit der Übung anfangen sollte. Daher stellte ich ihnen die ersten vier Übungen vor, die ich meinem jungen Schüler zu Hause gelehrt hatte: „In der Stille meditieren", „Die Visitenkarte", „Die Schwingung anheben" und „Im Kreis meditieren". Als ich der Gruppe erzählte, wie weit Steven in nur wenigen Jahren gekommen war, hatte ich ihre Aufmerksamkeit. Die Teilnehmer konnten die Verwirrung, mit der er zu mir gekommen war, gut nachvollziehen, und sie fanden es toll, dass ich ein Ausbildungssystem entwickelt hatte, das aus einer geregelten Reihenfolge an Übungen bestand. Und vor allem wollten sie mehr darüber erfahren.

Wie ich merkte, wurde das Wochenendprogramm zu einer Aufschlüsselung meiner Arbeit zu Hause. Interessanterweise wurde es von den Teilnehmern weitaus begeisterter angenommen als so mancher meiner früheren Workshops, in denen ich meine Schüler in einer angeleiteten Meditation durch die Natur an einen See oder Teich führte, ihnen dann zeigte, wie man eine Botschaft überbringt, wie man die Aura des anderen liest und so weiter. So gestaltete ich zwar ein eintägiges Seminar oder einen Wochenendkurs, aber diese Art von Workshop hatte mir noch nie behagt. Als ich für verschiedene spiritistische Organisationen arbeitete, ließ ich die Schüler, die schon an einem Entwicklungszirkel teilgenommen hatten, lieber im Kreis sitzen und lernen, Verbindung zur feinstofflichen Welt aufzunehmen oder redete über das Thema – wenn es mir gestattet war. Ich fordere Menschen, denen ich noch nie begegnet bin, nur ungern auf, Botschaften zu übermitteln; so habe ich es nicht gelernt und erwarte auch nicht von anderen, durch diese Übung wirklich etwas zu lernen. Diese Lehrmethode verwirrt die Leute nur, weil sie einen sofortigen Erfolg vorgaukelt und so gar nicht dem fundierten Lernen entspricht, das Jahre dauert.

Nun wurde mir klar, dass ich den Teilnehmern trotz der wenigen Zeit, die wir hatten, lieber Übungen zeigen würde, die sie mit nach Hause nehmen und weitaus wirksamer durchführen konnten als ihre früher schnell gelernte Methode.

Das Wochenende war so erfolgreich, dass viele Teilnehmer von mir noch mehr über die Entwicklung auf diese strukturierte

Weise erfahren wollten. Sie baten mich, einen richtigen Kurs anzubieten, der ein ganzes Jahr oder so dauern würde und bei dem sie zu Hause üben und Zirkel gründen konnten, in denen sie noch tiefer mit der feinstofflichen Welt zusammenarbeiten könnten. Ein paar von ihnen schlugen sogar vor, dass ich Steven mitbringen sollte, damit sie ihn fragen könnten, wie es war, ganz von vorne anzufangen und wirklich eine Verbindung zu seinem Geistführer aufzubauen.

Nachdem ich längst wieder zu Hause war, drängte der Veranstalter mich noch wochenlang, einen solchen Kurs anzubieten. Tatsächlich hatte sich die Idee herumgesprochen, und er hatte nun so viele Kursteilnehmer, dass ich für die nächsten drei Jahre beschäftigt gewesen wäre.

So begann ich, meine eigene mediale Entwicklung über die Jahre, in denen ich in Gegenwart der feinstofflichen Welt meditiert hatte, aufzuschlüsseln. Außerdem testete ich ein paar Übungen an Steven aus, die für die deutschen Teilnehmer nützlich sein könnten.

Mir blieb fast ein ganzes Jahr Zeit, die Lehren in Module aufzuteilen, die an fünf Wochenenden im Jahr darauf bewältigt werden konnten. Das bedeutete, dass die Teilnehmer zwischen jedem Modul Zeit hatten, das Gelernte zu üben. Bei der medialen Entwicklung brauchen die Leute Zeit, um ihre Erfahrungen im Zirkel – oder im Unterricht – zu verarbeiten, bevor sie zu etwas anderem übergehen. Alles ist äußerst ätherisch und braucht Zeit, hindurch zu filtern, bis man es versteht.

Wie ich es bei Steven getan hatte, bat ich alle neuen Schüler, zuerst in der Stille zu sitzen. Das ist ganz wichtig, um den Geist zu klären. Anfangs hat man möglicherweise symbolische Visionen oder fühlt Emotionen, die man seit vielen Jahren innerlich verdrängt hat. Man kann sie leicht für Botschaften aus der feinstofflichen Welt halten, die eine tiefere Bedeutung haben, wenn man sie entschlüsseln kann. Deshalb braucht man einen Lehrmeister, der das kennt und sich nicht selbst etwas zusammenreimt. Daher forderte ich meine Schüler auf, sich jedes Mal, wenn sie mit anderen oder alleine meditierten, das Erlebte zu notieren und mir zu sagen, wenn sie etwas erlebten, was sie sich nicht erklären konnten oder für eine Mitteilung aus der feinstofflichen Welt hielten. Ich bot an, ihnen dabei zu helfen, die Bedeutung zu verstehen. Alle medialen Botschaften, die Steven empfangen hatte, stellten sich als Aspekte seines Lebens heraus, die angegangen werden mussten, und ich erwartete, dass es bei den anderen Teilnehmern genauso sein würde. Erst wenn wir den Müll aus dem Kopf herausbekommen, können wir uns wirklich weiterentwickeln.

Die Emotionen anderer spüren

Die nächste Übung, an der ich mit Steven arbeitete, war, wie man Emotionen anderer fühlt. Das war eine sehr nützliche Erfahrung für meine eigene Entwicklung. Als Medium muss man die Emotionen der Menschen, denen man helfen will, fühlen und verstehen, wie man am besten mit ihnen arbeiten kann. Natürlich ist das Medium von der Botschaft aus der feinstofflichen Welt abhängig; es sollte jedoch mit der Person, die vor ihm sitzt, mitfühlen können.

Diese Übung ähnelt der Heilmethode insofern, dass sie zu zweit ausgeführt werden sollte, wobei einer sitzt und der andere hinter ihm steht. Der Unterschied ist nur, dass wir nicht versuchen, spirituelle Energie zu fühlen, sondern menschliche Emotionen.

Übung 6: Die Emotionen anderer fühlen

Stehender Teilnehmer: Klären Sie den Geist und bereiten Sie sich auf das Atmen vor.

Legen Sie nun die Hände auf die Schultern Ihres Partners, entspannen Sie sich und atmen Sie alle Gedanken und allen Frust weg.

Lassen Sie den Geist in die Stille gehen, mit der Sie so vertraut sind, und seien Sie ruhig.

Nehmen Sie bewusst wahr, dass Sie hinter einem anderen Menschen stehen und dass Ihre Hände auf seinen Schultern ruhen.

Versuchen Sie, ihn durch die Hände zu spüren. Wie fühlen Sie sich in seiner Energie? Macht sie Sie zufrieden oder fühlen Sie sich irgendwie unruhig? Merken Sie sich, ob Sie etwas anderes als am Anfang fühlen.

Verharren Sie still im Zustand des Friedens, den Sie geschaffen haben, und lassen Sie ihn über Ihre Hände durch Ihren Körper hindurch in Ihren Partner strömen.

Sitzender Teilnehmer: Denken Sie nun an ein emotionales Erlebnis zurück, das Ihr Leben verändert hat. Versuchen Sie, es für einen Augenblick erneut zu durchleben, um die damit verbundenen Gefühle wieder lebendig zu machen und im Geiste das damalige Erlebnis noch einmal zu sehen und zu hören.

Lassen Sie es nun los; lassen Sie zu, dass die Erinnerung von Ihnen abfällt, und versetzen Sie Ihren Geist durch die schon vertraute Atemtechnik in einen friedlichen Zustand. Entspannen Sie sich.

Stehender Teilnehmer: Achten Sie auf alles, was Sie fühlen, während Ihr Partner dies tut. Merken Sie sich alles Gefühlte, Gesehene oder Gehörte, was gerade im Geist vorgegangen ist. Merken Sie es sich, während auch Sie sich entspannen.

Beide Teilnehmer: Kommen Sie mit jedem Atemzug mehr in den Wachzustand zurück und erkennen Sie, während Sie die Augen wieder öffnen, wo Sie sich befinden.

Setzen Sie sich einander gegenüber hin. Zuvor stehender Teilnehmer: Beschreiben Sie, wie (wenn überhaupt) sich die emotionale Veränderung Ihres Partners auf Sie ausgewirkt hat.

Zuvor sitzender Teilnehmer: Reden Sie über das emotionale Ereignis, an das Sie zurückgedacht haben, und achten Sie darauf, ob es eine Verbindung zwischen dem, an was Sie sich erinnert haben, und dem, was Ihr Partner schildert, gibt.

***

Vergessen Sie nicht: Diese Übung ist kein Reading. Hier geht es rein darum, menschliche Emotionen zu spüren. An diesem Punkt ermutige ich meine Schüler nie, darüber nachzudenken, warum sie gewisse Veränderungen gefühlt haben oder wie sie diese Veränderungen korrigieren sollten. Am Anfang reicht es völlig aus, sie einfach nur wahrzunehmen.

Das erste Mal, als Steven an dieser Übung teilnahm, war ihm nicht einmal bewusst, dass er meine emotionale Erinnerung aufgriff!

Ich hatte diese Übung noch nie zuvor gemacht. Wenn ich früher in einem Workshop oder Kurs aufgefordert wurde, mich auf jemanden einzustimmen, sollte ich immer versuchen, für ihn eine Botschaft aus der feinstofflichen Welt zu empfangen. Es fühlte sich seltsam an, nur zu versuchen, einen anderen zu „lesen". Ich war mir nicht sicher, was ich eigentlich tun sollte. Aber ich habe getan, was Gordon mir auftrug, legte ihm die Hände auf die Schultern und klärte meinen Geist.

Ich fühlte mich durch meine Hände stark mit ihm verbunden. Ich spürte Hitze in den Händen. Also blieb ich ganz ruhig und achtete darauf, an nichts zu denken, sondern stattdessen meinen Körper für irgendwelche emotionalen Veränderungen zu nutzen.

Doch dann glaubte ich, irgendwas falsch zu machen, weil sich plötzlich mein Magen verkrampfte und ich nervös wurde. Auch wurde ich aufgeregt, ohne es zu wollen, und möglicherweise bekam ich auch Angst. Dann fühlte ich gar nichts mehr und machte die Augen wieder auf.

Als Gordon mich fragte, was ich während der Session gefühlt hätte, sagte ich, ich hätte eigentlich gar nichts empfunden. Ich dachte, mir hätten Bilder kommen müssen, und so glaubte ich, nichts aufgegriffen zu haben. Gordon forderte mich auf, die Augen wieder zu schließen. Ich sollte mich daran erinnern, was ich mir gesagt hatte, als ich die Augen geschlossen hatte. Also tat ich das und berichtete es ihm. Er lächelte nur, weil er sich an die Geburt seines Sohns erinnert hatte und wie nervös und gleichzeitig aufgeregt und ängstlich er damals gewesen war.

Nachdem ich diese Technik schon oft angewendet habe, habe ich heute ein viel besseres Gefühl dafür, wie ich die Emotionen anderer von meinen eigenen unterscheiden kann, wenn ich mich auf sie einstimme.

Ein wesentlicher Aspekt dieser Übung ist, dass sie dem sich entwickelnden Medium hilft, mit anderen mitzufühlen. Manche Schüler, die sie anwenden, spüren Traurigkeit und stellen sofort fest, dass sie dieses Gefühl auf ihr eigenes Leben beziehen können; andere erleben eine emotionale Leere, die von ihrem Partner kommt und die sie nicht verstehen können, auch wenn sie ihm trotzdem helfen wollen. Wie Stevens erster Versuch mir zeigte, würden die meisten der Teilnehmer vermutlich auch davon ausgehen, dass sie mentale Bilder sehen müssten. So wusste ich, ich würde betonen müssen, dass es bei der Übung um das Fühlen eines emotionalen Bewusstseins ging.

Wenn Schüler lernen, wie sie den ganzen Körper – nicht nur den Kopf – als Empfänger nutzen können, können sie mehr von sich selbst einbringen, um Gefühle und Sinneswahrnehmungen aufzugreifen.

Auch ist es wichtig, die eigene Sensibilität zu verstehen. Sie müssen nicht nur die Gefühle anderer spüren können, sondern sich auch bewusst sein, wo Sie selbst emotional stehen, und sich sicher sein, dass Sie klar denken und ausgeglichen sind, um anderen helfen zu können.

5

Die Klasse

Es ist erstaunlich, was hinter dem kleinen Glaubensfeld liegt, in dem Sie leben. Der Zaun, der es eingrenzt, ist die Angst. Reißen Sie die Angsthürde ein und erweitern Sie sich/Ihr Feld zu dem, was wirklich ist. Was wirklich ist, lässt sich nur hinter dem Glauben finden.

Master Chi

Steven, Jim und ich probierten in den nächsten Monaten viele Übungen aus, und der Tag, an dem ich die neuen Übungen mit nach Frankfurt nehmen würde, rückte immer näher.

Ich fand, es sei an der Zeit, dass mein Schüler lernte, das erlernte Wissen an andere weiterzugeben, und dass es ihm guttun würde, den neuen Schülern ein paar Übungen beizubringen. Schließlich hatte er sie erst vor kurzem selbst erlernt und wandte sie äußerst erfolgreich an sich selbst an. Ich glaubte, seine Begeisterung würde auf andere überspringen.

Steven hatte jedoch ein ganz anderes Gefühl:

Eine Woche vor unserer Abreise nach Deutschland ließ Gordon mich wissen, dass ich einige der Übungen unterrichten sollte. Das machte mir große Angst. Ich konnte mir nicht vorstellen, das zu schaffen, und wollte es auch nicht.

Wie ich wusste, wurde Steven sehr nervös bei der Vorstellung, anderen Leuten über sein Interesse an der Arbeit als Medium zu berichten, aber mir war auch klar, dass er diese Angst überwinden musste, wenn er Fortschritte machen und als Medium arbeiten wollte. Alle Widerrede war also umsonst. Ich sagte ihm nur, was meine frühere Lehrmeisterin erwidert hatte, wenn ich das Gefühl hatte, für etwas noch nicht bereit zu sein: „Pech gehabt.“

Das erste Modul

Am Vormittag des ersten Moduls saßen vierzig lernbegierige Schüler vor uns. Na ja, vielleicht waren es auch nur fünf oder sechs lernbegierige Schüler – die restlichen wirkten so, als würden sie gleich gefoltert werden. Und genauso wirkte auch Steven, der neben mir saß. Alle hatten sich jedoch für den Kurs angemeldet, und nun wurden wir aktiv.

Für mich war es aufregend zu sehen, wie unsere neue Gruppe unsere Lehren annehmen würde, auch wenn mir klar war, dass es mir schwerfallen würde, mich zu konzentrieren, während mein unwilliger Schüler neben mir saß und mich wissen ließ, dass er dies nicht tun und das nicht sagen würde und für jenes nicht bereit wäre. Es war eine der Freuden eines Lehrers, dachte ich mir.

Nach der Einführung, in der ich erklärte, dass Geduld und Übung ausschlaggebend für die Fortschritte sind, fingen wir mit dem eigentlichen Kurs an.

Den Vormittag verbrachten wir mit der ersten Übung: dem Meditieren in der Stille. Ich glaube an den alten Spruch: „Wenn der Schüler bereit dafür ist, wird der Lehrer erscheinen." Aber ich habe auch gelernt, dass der Schüler sich auch selbst bereitmachen muss. Meines Erachtens tun wir das, indem wir den Geist klären und einen Raum schaffen, in dem die feinstoffliche Welt erscheinen und uns lehren kann.

Es war erstaunlich zu sehen, wie viele der Teilnehmer darauf ansprangen und zahlreiche Fragen stellten. Ich ließ meinen Schüler die Fragen beantworten:

Frage: Wie lange sollten wir so sitzen, wenn wir die Übung alleine durchführen?

Steven: Am Anfang dauerte meine Sitzung dreißig bis vierzig Minuten, auch wenn ich manchmal dabei eingeschlafen bin. Ich habe festgestellt, dass ich am ehesten dabei einschlafe, wenn ich versuche, die Übung jeden Tag zu machen. Deshalb habe ich mir zweimal pro Woche eine halbe Stunde angewöhnt. Mittlerweile meditiere ich einmal in der Woche für eine Stunde, was ich gut hinbekomme. Ich versuche immer, möglichst zur gleichen Zeit am selben Ort zu sitzen, weil ich so die Energie im Raum besser aufbauen kann.

Frage: Sollte man die Übung einmal oder mehrmals am Tag durchführen? Werden wir schneller weiterkommen, wenn wir sie öfter machen?

Steven: Früher dachte ich, wenn ich öfter meditiere, lerne ich mehr und schneller, aber heute weiß ich, dass man nur das lernen kann, was man zu einem bestimmten Zeitpunkt lernen soll. Außerdem freut man sich mehr auf die Sitzungen und hat mehr davon, wenn man mehr Zeit dazwischen lässt. Im Alltag passieren Dinge, mit denen man klarkommen muss, aber wenn man weiß, dass man jede Woche etwas tun kann, was einem genügend Raum für sich selbst gibt, lohnt es sich, das beizubehalten. Das macht es irgendwie zu etwas Besonderem.

Frage: Was geschieht, wenn mir ein Gedanke kommt? Muss ich dann aufhören?

Steven: Nein, machen Sie einfach weiter. Anfangs kamen mir Gedanken, die mich zuerst ablenkten, aber wenn mir jetzt ein Gedanke durch den Kopf schießt, lasse ich ihn einfach an mir vorbeiziehen und beachte ihn nicht weiter.

Es freute mich zu erleben, wie Steven das, was er gelernt hatte, den anderen erklärte. Es gab ihm Selbstvertrauen, mit anderen Schülern am Anfang ihrer Entwicklung zu sprechen. Er hatte alles schon verinnerlicht und deshalb fühlte er sich sicher. Es ist immer sehr viel leichter, aufzustehen und vor anderen eine Rede zu halten, wenn man genau weiß, worüber man redet.

Am Nachmittag befassten wir uns mit der Übung, wie man seinen Geistführer bittet, sich durch seine Visitenkarte zu zeigen. Viele Schüler hatten dies schon ein Jahr lang geübt, da sie an meinem letzten Workshop teilgenommen hatten. Manche von ihnen hatten trotzdem noch keine Verbindung zu ihrem Geistführer aufnehmen können, und es war erfrischend, dass sie so ehrlich waren, das zuzugeben. Ich finde es immer gut, wenn jemand sagt, dass er etwas nicht hinbekommt. Damit kann ich arbeiten.

Ein Teilnehmer namens Thomas hatte das Gefühl, die Übung würde ihm nichts bringen. Er hatte den Eindruck, dass nichts passierte, aber wie er sagte, wollte er weiterüben, weil er das, was die anderen wahrnahmen, auch fühlen wollte. Er war groß und wirkte auf den ersten Blick ernst und nüchtern, doch ich spürte, dass er innerlich ganz weich war und bei den nächsten Modulen unter der richtigen Anleitung erfolgreich sein würde.

Am nächsten Tag gingen wir dazu über, im Kreis zu sitzen. Alle – selbst Thomas, der Zweifler – spürten den Unterschied in der Stärke der Energie, als wir sie in Zehnergruppen in vier Kreisen Platz nehmen und die Energie aufbauen ließen. Erstaunlich war, dass selbst die Schüler mit medialer Erfahrung begeistert mitmachten und nicht versuchten zu glänzen, wie es bei Workshops oder Seminaren so oft der Fall ist.

Für mich war es erfreulich zu sehen, wie alle auf langsame Weise weiterkamen – auf die richtige Art, wie ich finde. Keiner wirkte ungeduldig, und das war gut so. Alle hatten begriffen, dass es Jahre der Übung dauert, bis man ein echtes Verständnis für die feinstoffliche Welt entwickelt hat. Ich ermutigte sie, sich auszutauschen und Gruppen zu bilden, in denen sie zwischen den einzelnen Modulen üben konnten.

Die nächsten Übungen – „Im Zirkel meditieren“, „Dem eigenen Geistheiler begegnen“ und „Die Emotionen anderer fühlen“ – kamen genauso gut an. Die meisten meiner Schüler – außer Thomas – empfingen in mindestens einer Übung etwas. Ich ließ Steven von Anfang an alles, was die Teilnehmer berichteten, aufschreiben, damit ich später wusste, auf was ich mich beim zweiten Modul konzentrieren müsste. Auch das half mir zu unterscheiden, welche Schüler noch am Anfang standen und welche schon fortgeschrittener waren.

Wie wir wussten, hatten wir eine tolle Gruppe von Leuten, die alle bereit waren, aktiv mitzuarbeiten, und daher gaben wir ihnen Hausaufgaben für die drei Monate bis zu unserem nächsten Modul auf. Ich habe wohl noch nie so lernbegierige Menschen wie diese Gruppe erlebt, und das war ein tolles Gefühl. Und nicht nur das: Fast alle von ihnen bildeten Gruppen, in denen sie sich einmal in der Woche trafen und im Kreis meditierten. Denjenigen, die alleine arbeiten mussten, gab ich die ersten beiden Übungen – „In der Stille meditieren“ und „Die Visitenkarte“ – auf, mit denen sie sich offensichtlich zufriedengaben.

Nicht zu vergessen: Ich hatte diese Übungen ursprünglich für einen jungen Mann zusammengestellt, der verwirrte Vorstellungen über das innere Medium hatte und eine klare Anleitung brauchte. Bei ihm konnte ich schon deutliche Veränderungen feststellen. Nun wollte ich bei so vielen Schülern wie nur möglich dieselben Veränderungen bewirken.

Das zweite Modul

Auch das zweite Modul, das wir für unsere deutschen Schüler geplant hatten, entsprach Stevens eigenem Entwicklungsprozess. Er erzielte bei seinen Heilübungen mit Jim schon gute Ergebnisse und schien der geborene Heiler zu sein. Er war sogar einer der besten Heiler, mit denen ich je zusammengearbeitet habe. Damals sagte ich ihm das nicht, da es nur seinem Ego geschmeichelt hätte, was wir vermeiden wollten.

Bei der nächsten Übung geht es darum, das Ego beiseitezuschieben, weil wir uns von unserem Geistheiler überschatten lassen und ihm das Heilen durch die Nutzung unseres Körpers überlassen wollen. An diesem Punkt wird unser Körper nur noch zu einem Instrument, mit dessen Hilfe die geistige Welt den Heilprozess besser kontrollieren kann.

Viele große Heiler der Vergangenheit arbeiteten unter völliger Trance. Mein alter Freund Albert Best war ein hervorragendes Medium und für seine erstaunliche Fähigkeit weltberühmt. Den wenigsten Leuten war jedoch bekannt, dass er ein genauso begabter Heiler war. Er hatte einen Geistheiler, der Dr. Wong hieß und der buchstäblich die Kontrolle über ihn übernahm und unglaubliche Heilungen hervorbrachte. Gelegentlich sprach Wong kantonesisch mit Menschen, die diese Sprache beherrschten. Da mein alter Freund Albert nur der englischen Sprache mächtig war, war das ein toller Beweis für Wongs Authentizität.

Es kann Jahre dauern, bis man genug Vertrauen entwickelt hat, um sich so sehr der feinstofflichen Welt auszuliefern, doch bei diesem Modul wollten wir den Schülern helfen, dieses Vertrauen aufzubauen.

Wie die Teilnehmer berichteten, hatten sie die vorherigen Techniken in unserer Abwesenheit geübt, und das mit sehr guten Ergebnissen für die meisten von ihnen. Das zeigte sich, als wir sie durch die Übung führten, bei der sie ihren Heilungsführer kennenlernen sollten. Fast alle spürten die neuen Sinneswahrnehmungen und konnten leicht zwischen ihrem Geistführer und dem Geistheiler unterscheiden.

Nur Thomas konnte bisher keine großen Erfolge vorweisen, doch er berichtete uns, jetzt mit mehreren der anderen Schüler in einem Zirkel zu sein. Er machte alle Übungen gern mit und wollte an ihnen arbeiten, bis er etwas fühlte. Ich bat Steven, mit ihm allein zu arbeiten, da sie in einem persönlicheren Kreis womöglich eine stärkere Energie entwickeln könnten. Daher gingen Steven und Thomas in einen Raum im Obergeschoss und übten dort, damit Thomas die Visitenkarte seines Geistführers spüren konnte, da es für ihn sinnlos war, die neuen Übungen durchzuführen, solange er noch an diesem Punkt verharrte. Er war bereit, allein mit Steven zu üben, während ich die restliche Gruppe auf die nächste Übung vorbereitete, nämlich das praktische Heilen.

Bei dieser Übung befassen wir uns mit zwei unterschiedlichen Aspekten des medialen Heilens. Der erste Aspekt ist das Üben des körperlichen Heilens – das Handauflegen. Hierbei wirkt der Heiler direkt auf den Körper des Patienten ein und wird möglicherweise instinktiv auf eine Stelle gelenkt, die Heilung braucht. Entweder spürt der Heiler, dass er seine Hände von der ursprünglichen Position auf eine Stelle legen will, von der sie angezogen werden, oder er hat womöglich eine Sinneswahrnehmung am eigenen Körper, die ihm verrät, dass er diese Stelle seines Patienten heilen muss.

Der zweite Aspekt des Heilens, der bei dieser Übung auftreten kann, ist, dass es dem Schüler so vorkommen kann, als würde er dazu gebracht, die Hände in die Aura des Patienten zu heben – entweder weil die Stelle, die Heilung benötigt, ein intimer Körperteil ist, so dass eine Berührung unangemessen wäre, oder weil es bei dem Problem eher um die Gefühle des Patienten geht. Nach meiner Erfahrung werden meine Hände immer zur Aura geführt, wenn es um emotionale Heilung geht.

Übung 7: Die Zusammenarbeit mit dem Geistheiler

Wechseln Sie sich als Zweierteam ab, indem der eine als Heiler arbeitet, während der andere die Rolle des Patienten übernimmt.

Ein Schüler sitzt auf einem Stuhl und spielt den Patienten; der andere stellt sich hinter ihn und übt die Heilarbeit.

Der sitzende Teilnehmer soll sich während dieser Übung nur entspannen und nichts tun.

Der stehende Teilnehmer beginnt, indem er dem Patienten die Hände auf die Schultern legt.

Stehender Teilnehmer: Atmen Sie tief ein und entspannen Sie sich. Schließen Sie die Augen.

Lassen Sie alle Gedanken los und klären Sie den Geist als Vorbereitung auf die Verbindung zum Geistheiler um Sie herum.

Kommen Sie zur Ruhe und entspannen Sie sich.

Bitten Sie, wenn Sie bereit dazu sind, Ihren Geistheiler, sich in Ihren Raum zu begeben.

Heißen Sie ihn willkommen und nehmen Sie sich einen Augenblick Zeit, die Anpassung der Energie zu spüren.

Bitten Sie Ihren Geistheiler, wenn Sie sich richtig verbunden fühlen, seine Heilkraft auf Sie zu übertragen, damit Sie dem Patienten Heilenergie geben können.

Erlauben Sie ihm, Sie so zu führen, wie er durch Sie heilen möchte.

Achten Sie darauf, ob sich um Sie herum – entweder in Ihren Händen oder irgendwo sonst in Ihrem Körper – Energie aufbaut.

Bitten Sie darum, dass diese Energie durch Sie in den Patienten fließt.

Achten Sie bewusst auf Ihre Gefühle und auf das, was Sie während der Übung in Ihrem eigenen Körper spüren.

Lassen Sie den Heiler Ihre Hände führen, um so viel Kontrolle wie möglich auszuüben.

Versuchen Sie herauszufinden, ob Sie Schmerzen empfinden oder etwas fühlen, was Sie vor der Übung nicht spürten.

Behalten Sie Bilder oder Gedanken, die Ihnen in den Kopf kommen, im Gedächtnis, da sie später für den Patienten wichtig sein könnten.

Lassen Sie zu, dass sich Ihre Hände bewegen, wenn sie dazu gebracht werden.

Legen Sie dem Patienten wieder die Hände auf die Schultern, wenn Sie das Gefühl haben, dass die Sitzung zu Ende geht. Atmen Sie tief ein.

Bleiben Sie konzentriert, aber entspannt, während Sie sich des Raums wieder bewusster werden, und bringen Sie sich mit jedem Atemzug ins Hier und Jetzt zurück.

Nehmen Sie sich einen Moment Zeit, sich alles ins Gedächtnis zu rufen, was Sie während der Heilung erlebt haben.

Stellen Sie sicher, dass es Ihrem Patienten gutgeht.

Setzen Sie sich, wenn Sie beide so weit sind, einander gegenüber und tauschen Sie sich über das aus, was Sie gefühlt haben.

***

Ich versuche immer, spontan zu arbeiten, und so ließ ich die deutschen Teilnehmer verschiedene Plätze einnehmen, nur für den Fall, dass sie sich vor der Übung schon etwas zurechtgelegt hatten. Ich wies sie an, sich hinter denselben Partner wie bei der vorherigen Übung zu stellen, und als sie dachten, wir würden jetzt anfangen, ließ ich sie alle einen Stuhl weiter nach rechts rücken. Zuerst fanden sie das lustig, doch von da an versuchten ein paar von ihnen jedes Mal, mir bei dieser Übung zuvorzukommen. Deshalb ließ ich sie immer wieder wechseln; ich wies sie an, drei Stühle nach links oder zwei nach rechts und so weiter zu rücken.

Es ist wichtig, bei diesen Übungen spontan zu sein und den Geist geklärt zu haben. Wenn Sie wirklich nichts über die Person wissen, mit der Sie in der Anfangsphase Ihrer Entwicklung zusammenarbeiten, und dann etwas empfangen, was für die Person einen Sinn ergibt, dann steigert das Ihr Vertrauen in das Geistwesen, das mit Ihnen arbeitet. Dann wissen Sie, dass es Ihnen Informationen übermittelt, die Sie zuvor nicht gewusst haben.

Mittlerweile war unsere Gruppe voller Energie und Enthusiasmus. Zwar hatten die meisten Teilnehmer schon an zahlreichen Workshops teilgenommen, doch wie mir viele sagten, stand hinter diesen Workshops kein echtes System, und sie waren daher dankbar für den langsamen und ganz bewussten Unterricht. Außerdem fanden sie es toll, dass ich ihnen geraten hatte, kleine Gruppen zu bilden, in denen sie zwischen den Modulen üben konnten.

Sogar Thomas genoss die Atmosphäre des Zirkels, in dem er jede Woche meditierte, und die Gesellschaft der anderen, auch wenn er sagte, er könnte die Visitenkarte seines Geistführers immer noch nicht fühlen. Er hatte jedoch das Gefühl, als würde ihn das Thema magisch anziehen und als sollte er weitermachen und einen Weg finden, wie er seine Blockaden auflösen könnte.

Was ihn hinderte, war sein logisches Denken. Wie er Steven erzählte, fing seine Hand immer dann an zu zucken, wenn er seinen Geistführer um dessen Visitenkarte bat. Das nervte ihn völlig. Steven hätte fast laut gelacht, als er das hörte. Ihm war sofort klar, dass genau dies die Visitenkarte war. Doch um sicher zu sein, führte Steven ihn noch einmal durch die Übung. Und was geschah, als Thomas seinen Geistführer um ein Zeichen bat? Seine Hand fing an zu zucken.

Die Arbeit mit den Chakren

Viele Menschen, die sich mit Metaphysik und fernöstlichen Meditationspraktiken befassen, reden über die Energiezentren – auch Chakren genannt –, die sich in der menschlichen Aura befinden. Sie funktionieren wie Sender und Empfänger der unterschwelligen Energie, die um uns herum fließt. Wenn jemand niedergeschlagen ist, kann ein Heiler mitunter spüren, dass die Chakren des Betroffenen aus dem Gleichgewicht geraten oder blockiert sind. Wenn die Energiezentren ungehemmt fließen, strömen sie in einer geraden Linie am Körper entlang nach unten. Wenn sie aus dem Gleichgewicht geraten sind, können sie sich seitlich von dieser Mittellinie befinden.

Die nächste Übung diente dazu, die Chakren zu lokalisieren und ihnen Heilenergie zukommen zu lassen, insoweit das möglich war. Das Gleichgewicht und der Rhythmus im Energiefeld sollten wiederhergestellt werden.

Übung 8: Die Chakren wieder ins Gleichgewicht bringen

Wie bei der vorherigen Übung setzt sich ein Teilnehmer hin, entspannt sich völlig und öffnet sich für die Heilung, die gleich beginnt.

Der zweite Teilnehmer stellt sich hinter seinen Partner und legt ihm sanft die Hände auf die Schultern.

Stehender Teilnehmer: Lassen Sie den Geist sich so weit entspannen, dass Sie inneren Frieden und innere Stille fühlen.

Bitten Sie Ihren Geistheiler, Ihren inneren Raum zu betreten, wenn Ihr Geist geklärt ist. Warten Sie, bis Sie seine Gegenwart spüren, bevor Sie mit der Übung fortfahren.

Bitten Sie Ihren Geistheiler, Sie in die Aura des Patienten zu führen.

Nehmen Sie bewusst wahr, wie sich Ihre Hände sanft von seinen Schultern weg in den Raum, der ihn umgibt, bewegen.

Da Sie sich nun in einem höheren geistigen Zustand befinden, können Sie die Aura möglicherweise durch die Hände als feste oder greifbare Substanz spüren.

Nehmen Sie sich einen Moment Zeit, diese Substanz zu fühlen und auf Wärme oder Vibrationen zu achten, die von ihr ausgehen.

Treten Sie einen Schritt links oder rechts neben Ihren Patienten (was immer sich besser anfühlt). Berühren Sie seinen Körper nicht mit den Händen, aber halten Sie die Verbindung zu seiner Aura aufrecht.

Halten Sie nun eine Hand auf die Vorderseite seines Körpers, die andere auf die Rückseite – beide Hände sind in seine Aura getaucht.

Bitten Sie Ihren Geistheiler, Ihnen zu helfen, die Energiezentren zu finden, und lassen Sie zu, wie Ihre Hände in der Mitte des Körpers Ihres Partners im aurischen Feld auf und ab gelenkt werden, und zwar vom tiefsten Punkt unter dem Bauch bis hinauf zur Scheitelkrone auf seinem Kopf, und bewahren Sie dabei immer eine gewisse Entfernung von seinem Körper, ohne ihn je zu berühren.

Folgen Sie der Bewegung, wenn Sie spüren, dass Ihre Hand von der Mittellinie weggezogen wird, bis Sie das vibrierende Chakra spüren; dirigieren Sie es zurück an seinen Platz mit Hilfe der Heilenergie, die durch Ihre Hände geleitet wird.

Nutzen Sie erneut die Heilenergie, wenn Sie in der Aura eine abweichende Bewegung oder Schwingung spüren, um Ruhe hineinzubringen.

Nehmen Sie Ihren eigenen ruhigen Geist in diesem Zustand bewusst wahr und leiten Sie auch ihn in die Aura Ihres Partners.

Schaffen Sie Harmonie, während Ihre Hände die Energiezentren wieder zurechtrücken.

Treten Sie erneut hinter Ihren Partner, wenn Sie spüren, dass Sie einen Rhythmus hergestellt haben, der sich harmonischer mit Ihnen und Ihrer inneren Ruhe anfühlt.

Bitten Sie Ihren Geistheiler, sich zu entfernen, und danken Sie ihm für seine Beteiligung an dieser Erfahrung.

Berühren Sie nun die Schultern Ihres Partners sanft mit den Händen, um die Erfahrung zu erden, und lassen Sie Ihren Partner wissen, dass Sie fast fertig sind.

Atmen Sie beide tief ein und entspannen Sie sich. Kehren Sie mit jedem tiefen Atemzug einen Schritt mehr in den Wachzustand zurück und richten Sie den Fokus auf den Raum.

Öffnen Sie die Augen und vergewissern Sie sich, dass es Ihrem Partner gutgeht.

Setzen Sie sich einander gegenüber und tauschen Sie Ihre Gefühle und Wahrnehmungen während der Übung aus.

***

Diese Übung ist dazu geeignet, zu lernen, wie es sich anfühlt, mit den unterschwelligen Energien in Ihrem Umfeld zu arbeiten. Außerdem können Sie während der Arbeit mit der feinstofflichen Welt Ihren Instinkt nutzen, was Sie während der Entwicklung zum Medium noch viel intensiver tun werden. Auch ist die Fähigkeit, die ansonsten unsichtbare aurische Energie, die uns umgibt, als greifbare, feste Substanz zu spüren, der erste Schritt hin zur Realisierung des Unsichtbaren.

Als Steven mit dieser Übung begann, spürte ich, wie er anfangs vor Angst zitterte, doch wir alle müssen auf dem Weg zum inneren Medium lernen, dass man manchmal über seine Grenzen hinausgehen muss, um die Frucht vom Baum pflücken zu können. Es war das erste Mal, dass er eine Übung leitete, und er machte seine Sache gut, auch wenn er – wie jeder gute Schüler – das Gefühl hatte, es zehn Mal hätte besser machen können:

Von allem, was Gordon mir beibrachte, von allen Übungen des Loslassens und Vertrauens in die feinstoffliche Welt, war das die für mich wohl beängstigendste. Er forderte mich auf, vor dem Publikum aufzustehen und die Übung zu leiten. Ich weiß nur noch, wie mir bei der Vorstellung die Knie schlotterten. Ich fragte mich, ob ich überhaupt stehen könnte.

Während der Übung konnte ich keinen der Teilnehmer ansehen, weil ich sicher war, dass sie mein Zittern bemerkten. Aber als ich meine Angst losließ und mich auf die Übung konzentrierte, als ich wirklich darauf vertraute, dass mein Geistführer mich nicht im Stich lassen würde – da wurde alles anders, und ich dachte nur noch an das, was ich in meinem Entwicklungszirkel gelernt hatte.

Am Schluss wurde mir klar, dass ich mich aus diesem Grund weiterentwickelt hatte, und ich spürte, dass ich weitergekommen war, weil ich mich meiner Angst hatte stellen müssen und das auch getan hatte.

Auch meine deutschen Schüler machten sich sehr gut. Sie hatten viele Fragen über Chakren. Manche von ihnen hatten schon alles Mögliche über diese Energiezentren gelernt, doch ich riet ihnen, sich nicht zu stark auf Vorstellungen zu fokussieren, die sie von den Lehren ablenkten, da zu viele Informationen einen beim Lernen überwältigen und verwirren können. Hier ging es um das Fühlen und Wahrnehmen, und mich interessierte mehr, wie sie die bisher gelernten Techniken anwendeten.

Offensichtlich begriffen alle, dass ich mich nicht von den Lehren ablenken lassen würde, und die Ergebnisse waren beachtlich. Sogar Thomas sagte, er habe etwas gefühlt, was er für ein Energiezentrum halte, auch wenn es vielleicht doch nur Einbildung sei! Das war in Ordnung – manche Menschen brauchen Zeit, um sich an die Vorstellung zu gewöhnen, dass wir mehr als nur unser physischer Körper sind –, was zählte, war, dass Thomas zum ersten Mal vor der ganzen Klasse den Mund aufgemacht hatte. Das zeigte mir, dass in ihm ein Wandel stattfand.

Da es bei Modul zwei um Heilung geht, waren meine Schüler am Ende des ersten Tages sehr entspannt. Heilung beruhigt und schafft Wohlbefinden, was sich auf alle auswirkte und eine wirklich gute Energie entstehen ließ. Der Wunsch der meisten Teilnehmer, sich etwas beweisen zu müssen, schwand, und man konnte sehen, dass sie nun ein gemeinsames Ziel hatten, nämlich als Gruppe zu wachsen. Die ersten freundschaftlichen Beziehungen entstanden. Es fühlte sich wie ein richtiger Entwicklungszirkel an.

Gruppenheilung üben

Die meisten Teilnehmer saßen nun in Gruppen zusammen, und ich hielt es für notwendig, ihnen weitere Anleitungen zu geben, was sie mit der sich aufbauenden Energie anfangen sollten. Es ist für jeden Schüler wichtig, die spirituelle Energie, die er im

Kreis aufbaut, einer Person oder Situation zu widmen, die sie braucht. In unserem eigenen Zirkel schickten wir am Ende jeder Session immer unsere Energie an Leute, die Probleme hatten oder einen geliebten Menschen verloren hatten, die krank waren oder Ähnliches. Manchmal konzentrierten wir uns sogar auf die Nöte einer bestimmten Person und widmeten ihr den ganzen Abend.

Im Modul teilten wir die Schüler in vier Zehnergruppen auf und wählten aus jeder Gruppe einen Leiter.

Übung 9: Gruppenheilung

Der Gruppenleiter sucht einen Schüler aus der Gruppe aus und setzt ihn in die Mitte des Zirkels. Dann sagt der Schüler der Gruppe, ob er selbst Heilung braucht oder ob er möchte, dass die Gruppe den Fokus auf eine andere Person richtet, die Hilfe benötigt.

Die Gruppe nimmt sich nun einen Augenblick Zeit, in dem sie sich darauf konzentriert.

Wenn der Gruppenleiter glaubt, dass die Gruppe bereit ist, leitet er die Übung des Sitzens in der Stille ein.

Bitten Sie nun alle, Ihren Geistführer oder Geistheiler präsent zu sein, und fühlen Sie, wie sich die Energie um Sie herum aufbaut.

Öffnen Sie Ihr Bewusstsein für das Gefühl der Verbundenheit mit dem Kreis der Menschen um Sie herum und spüren Sie die Energie der ganzen Gruppe.

Sitzen Sie eine Weile in der Kraft und lassen Sie Ihren Geistführer eine noch stärkere Verbindung zu Ihnen herstellen.

Richten Sie den Fokus auf die Person, die in der Mitte des Kreises sitzt; konzentrieren Sie sich auf sie und ihre jetzigen Bedürfnisse.

Versuchen Sie zu fühlen, ob es im Leben der Person irgendwelche Probleme oder Blockaden gibt, oder konzentrieren Sie sich auf die Stelle, die die Person genannt hat und auf die Sie Heilkraft richten sollen.

Wenn Sie in Ihrem eigenen Körper ein Symptom spüren oder mentale Bilder sehen, die Ihnen aufzeigen, was getan werden muss, dann merken Sie sich diese Informationen.

Bitten Sie Ihren Geistführer, Heilung durch Sie zu der Person in der Mitte zu leiten und lassen Sie die Heilkraft ungehemmt fließen.

Stellen Sie sich vor, dass alle in der Gruppe das Gleiche tun, und versuchen Sie, offen und mit der Gruppe verbunden zu bleiben.

Fühlen Sie die Energie, die sich aufbaut und wie eine starke Kraft um die Gruppe herum ins Zentrum fließt.

Stellen Sie sich vor, wie eine Krankheit oder Blockade von der Person weggehoben, aufgelöst und gereinigt wird.

Entspannen Sie sich geistig und atmen Sie tief ein.

Danken Sie Ihrem Geistheiler für die Zusammenarbeit und sinken Sie im Geiste entspannt wieder in die Stille zurück.

Atmen Sie noch tiefer ein; werden Sie sich mit jedem Atemzug wieder mehr des Raums und der Gruppe bewusst.

Öffnen Sie die Augen, wenn Sie dazu bereit sind, und warten Sie, bis alle Teilnehmer wieder im Hier und Jetzt sind.

Nun fragt der Gruppenleiter nacheinander jeden Teilnehmer, wie er sich während der Übung gefühlt hat und ob er etwas gesehen oder gespürt hat, was er dem Teilnehmer, der in der Mitte sitzt, mitteilen möchte.

Der Teilnehmer in der Mitte wartet ab, bis alle anderen ihre Wahrnehmungen beigesteuert haben, bevor er darauf eingeht, wie sich die Übung auf ihn ausgewirkt hat.

***

Jede der vier Gruppen erlebte bei dieser Übung eine ähnliche Verstärkung der Heilkraft. Viele von ihnen spürten eine weitaus stärkere Verbindung zu ihren Geistführern oder Geistheilern und auch zu deren Persönlichkeit. Sie war viel deutlicher als bei den meisten anderen Übungen.

Am Ende sollte jeder Gruppenführer kommentieren, wie sein Kreis sich gefühlt hatte. Anscheinend hatte es in allen Gruppen eine erstaunliche Verbindung gegeben. Die meisten Teilnehmer hatten dasselbe erlebt. Wenn ein körperliches Problem bestand, hatte jeder Schüler die Beschwerden des Patienten deutlich gespürt. In einer Gruppe hatten alle – auch der Patient – beim

Channeln der Heilung eine bestimmte Farbe aufgegriffen. Und in allen Gruppen, die einen anderen als sich selbst heilten, hatten alle Teilnehmer Bilder empfangen.

Sich Notizen machen

Wie ich glaubte, würde es mir helfen, die Schüler besser zu verstehen, wenn wir uns notierten, was sie am Ende der Übungen berichteten. In den ersten Modulen machten wir hinterher immer die Runde und fragten sie, was sie erlebt hatten. Sie sollten beschreiben, ob sie etwas gefühlt, gesehen oder sonst wie wahrgenommen hatten. Diese Schilderungen zeigten mir, welche Richtung ihre Entwicklung nahm. Sehr visuelle Schüler neigten beispielsweise zur Hellsicht, während andere, die tief mitfühlten und einige der Beschwerden anderer übernahmen, sich perfekt für die Heilarbeit eigneten. Auch lernte ich, wer von ihnen unbedingt mit uns reden wollte und wem wir jedes Wort aus der Nase ziehen mussten, wann wir sie am besten in Ruhe lassen und wann wir sie ermutigen sollten, und Ähnliches. Steven und ich führten beide ein Notizbuch, und am Ende eines jeden Moduls verglichen wir unsere Notizen. Es überraschte uns immer wieder, wie sehr sich unsere Kommentare über die einzelnen Schüler ähnelten.

Am Schluss des zweiten Moduls stand für mich fest, wer von ihnen weitermachen und die Lehren zu einem Teil ihres Lebens machen würde. Doch nicht nur das: Auch die Selbstkenntnis der Teilnehmer entwickelte sich weiter.

6
Die Selbsterkenntnis

Sich zu öffnen ist das Wesen des Geistes (spirit), so wie die Rose im Licht und der Wärme des Sommers. Dein Zirkel ist der Garten, und das Licht ist der Geist; deine Schüler sind die Rosen. Also öffne dich wie die Rose und zeige der Welt deine wahre Schönheit.

Master Chi

Bei der spirituellen Entwicklung geht es nicht nur um die Gabe des Heilens und medialer Fähigkeiten. Es geht auch um die Selbsterkenntnis und wie wir uns formen und zu ausgewogeneren Menschen werden. Es geht genauso um unsere eigenen Fortschritte im Leben wie um das Vorzeigen medialer Begabung.

Die Schüler stellten uns nun viele Fragen in Bezug auf ihre Ängste und wie sie diese angehen und überwinden könnten.

Eine solche Teilnehmerin war die zwanzigjährige Lana. Sie war die Jüngste in der Gruppe. Lana wurde oft von Gefühlen übermannt; dann brach sie in Tränen aus und konnte ihre Fragen nicht einmal zu Ende formulieren. Sie wirkte so sensibel, einfühlsam und offen für alles, dass ich den Eindruck hatte, dass unsere Welt zu grobgestrickt für sie war und sie sich ein dickeres Fell zulegen müsste, um überleben zu können. Scheinbar alles brachte sie zum Weinen. Ich glaube, ihr war nicht klar, dass man bei seiner Entwicklung stark sein muss und dass ihre Offenheit sie sehr verletzlich machte, vor allem, wenn sie mit dem Unglück und Schmerz anderer umgehen musste. Ich wollte, dass sie echte Stärke entwickelte.

Zum Glück hatten wir einen Ort geschaffen, an dem sich die Teilnehmer wohl genug fühlten, um offen über ihr Leben zu sprechen, und auch darüber, wie sie in ihrem Wachstum gehemmt worden waren oder sich selbst blockiert hatten. Die Heilenergie, in der wir arbeiteten, brachte eindeutig viele Veränderungen mit sich. Hier entwickelte sich definitiv mehr als nur das innere Medium und die Heilfähigkeit.

Vieles von dem, was hier geschah, erinnerte mich daran, wie offen mein eigener Geist in den ersten Jahren meines Entwicklungskurses bei Mrs. Primrose werden musste. Ich hatte alle meine Ängste und Hemmungen mitgebracht, und erst als wir Teilnehmer erkannten, worum es sich handelte, brachte uns das wirklich weiter. Dasselbe galt für Steven. Wie ich glaubte, hatte er eine Gabe und könnte sie nach korrekter Ausbildung einsetzen, um anderen zu helfen. Doch wenn er seine eigenen Probleme nicht bewältigte, würde er nicht viel erreichen.

Durch meine Arbeit mit Steven verstehe ich heute, wie sich meine Lehrmeisterin gefühlt haben muss, als sie mich ausbildete. Nun weiß ich, dass sie sehr viel Geduld aufbringen musste, weil sie mich nicht auf die Öffentlichkeit loslassen konnte, während ich noch mit so vielen Unsicherheiten kämpfte, obwohl sie meine Fähigkeiten als Medium immer erkannt hatte.

Sie sagte, ich müsse erst mich selber heilen, bevor ich wirklich anderen helfen könne. Mehrere Monate lang sollte ich meinen Geistheiler bitten, zu mir zu kommen und mir zu helfen, mich zu heilen.

Ich tat, was mir meine Lehrmeisterin auftrug, und in diesen Sitzungen passierte vieles. Meist erinnerte ich mich an emotionale Ereignisse aus meiner Vergangenheit und konnte sie so endlich verstehen. Ich hatte viele Emotionen einfach verdrängt. Ich bin sicher, dass es den meisten von uns genauso geht, aber wenn Sie der feinstofflichen Welt dienen und mit Menschen arbeiten wollen, die womöglich verletzlich sind, müssen Sie versuchen, emotionaler und zugleich seelisch stabiler zu werden. Vergessen Sie nicht: Es gibt in der feinstofflichen Welt keine Schatten, und nichts ist schlimmer, als zu versuchen, Leuten zu helfen, die emotional durcheinander sind, während Sie selbst von Angst, Wut, Eifersucht oder Hass beherrscht werden.

Ich habe schon so oft so vielen Leuten, die auf dem spirituellen Weg sind, gesagt: „Sie müssen selbst stark sein, um anderen helfen zu können. Menschen, die in einem Meer von Gefühlen zu ertrinken drohen, brauchen jemanden, der sie herauszieht, und nicht jemanden, der zu ihnen ins Wasser springt und von der Flut menschlicher Emotionen weggespült wird. Wir müssen zu emotionalen Rettungsschwimmern werden."

Es ist wichtig zu begreifen, dass mit der medialen Arbeit eine Menge Verantwortung einhergeht und dass wir uns immer der Bedürfnisse anderer bewusst sein müssen, damit wir richtig einschätzen können, ob wir ihnen wirklich helfen oder sie tatsächlich heilen können. Gleichermaßen brauchen wir auch immer unsere eigenen Realitäts-Checks und müssen uns bewusst sein, wo wir stehen und ob wir selbst Hilfe oder Heilung brauchen.

Die nächste Übung zeigt, wie Sie Ihren Zirkel als einen sicheren Ort nutzen können, in dem Sie zurückgehen und emotionales Gepäck finden können, das Sie vielleicht in einem vergessenen Winkel Ihres Gedächtnisses liegengelassen haben. Auch dies ist eine gute Gruppenübung, wenn Sie mit Ihrer Entwicklung gerade erst anfangen, denn es ist gut, wenn Sie akzeptieren, dass Sie sich alle weiterentwickeln müssen, weil keiner von Ihnen vollkommen ist. Der Anfang ist ein guter Zeitpunkt, an dem Sie nach Ihren Fehlern suchen und sie beheben können.

Übung 10: Die inneren Schubladen aufräumen

Setzen Sie sich im Kreis hin und wählen Sie eine Person als Gruppenführer aus.

Nehmen Sie sich an den Händen und begeben Sie sich als Gruppe in die Stille.

Fühlen Sie, wie sich die Energie aufbaut, wie sie durch Ihre Hände fließt und Sie mit dem Rest der Gruppe verbindet.

Häufig stellen sich starke Vibrationen um ihren Körper herum ein. Nehmen Sie diese Schwingung bewusst wahr und leiten Sie sie im Geiste gegen den Uhrzeigersinn im Kreis herum.

Sitzen Sie mitten in der Energie und gewöhnen Sie sich an die Kraft und Schwingung.

Schicken Sie Ihrem Geistführer und Geistheiler Gedanken, in denen Sie sie bitten, zu Ihnen in diesen Sakralraum zu kommen.

Empfangen Sie sie in Ihrem Energiefeld und bitten Sie sie, wachsam zu sein und Ihre Gedanken zu lenken.

Fühlen Sie sich eins mit sich und nehmen Sie die Kraft des Zirkels und die Sicherheit, in der Sie sich gerade befinden, bewusst wahr.

Gehen Sie zu einer Zeit zurück, in der Sie starke Gefühle erlebt haben, zu einer Zeit, in der Sie Probleme hatten, die seelische Narben hinterließen.

Durchleben Sie diese Ereignisse noch einmal und werden Sie sich des Gefühls bewusst, das sie ausgelöst haben. War es Angst oder Wut, Trauer oder Einsamkeit, oder war es sogar Hass oder Enttäuschung? Filtern Sie das, was Sie damals gefühlt haben, heraus.

Blicken Sie nun auf diese Zeit zurück und nutzen Sie die Kraft Ihres Kreises, um die emotionale Erinnerung aus der Tiefe Ihrer Seele herauszulösen und in die Mitte des Zirkels zu bringen.

Leiten Sie mit Hilfe Ihrer Geistführer Heilkraft in diese alte seelische Wunde und sehen Sie, wie sie vor Ihren Augen verheilt.

Lassen Sie zu, dass sie von Ihnen abfällt, und übergeben Sie sie der Energie Ihres Zirkels, damit sie im Äther verstreut wird.

Fühlen Sie die Freiheit, die das Loslassen dieser alten Erinnerung mit sich bringt, und lassen Sie die Erinnerung von der feinstofflichen Welt zerstreuen.

Sagen Sie sich nun: „Weg, weg, für immer weg."

Entspannen Sie sich innerlich, schicken Sie die übrige Energie an jemand anderen im Zirkel und fühlen Sie, wie die Heilkraft durch Sie strömt und auf andere übergeht.

Atmen Sie tief ein und entspannen Sie sich geistig.

Danken Sie den Geistwesen für ihre Hilfe und dafür, dass sie ein Teil Ihres Zirkels sind.

Öffnen Sie die Augen, wenn Sie dazu bereit sind, und warten Sie, bis auch alle anderen Teilnehmer die Augen öffnen.

Wenn Sie alle wieder im Hier und Jetzt sind, bittet der Gruppenführer jeden darum, zu berichten, wie er sich während der Übung gefühlt hat und wie er sich jetzt fühlt.

***

Wie Sie sich vorstellen können, überkamen viele meiner Schüler bei dieser Übung starke Gefühle. Es kann schmerzhaft sein, in die hintersten Winkel der Seele vorzudringen, doch wenn wir es uns erlauben, emotionales Gepäck loszulassen, macht das die seelische Last viel leichter, und diese Erleichterung gibt uns mehr Frieden und Zufriedenheit.

Das habe ich zu Hause in meinem ersten privaten Zirkel festgestellt. Die spirituelle Umgebung hat öfter emotionale Altlasten des einen oder anderen ans Tageslicht befördert. Das geschah immer dann, wenn der Betroffene gerade eine Wachstumsphase im Leben durchlief. Wie mir scheint, ist das eine ganz natürliche spirituelle Entwicklung, die wir durchmachen müssen, um zu wachsen und unser Bewusstsein zu erweitern. Der spirituelle Keller ist nicht der richtige Ort für Leichen.

Wenn wir im Licht der feinstofflichen Welt sitzen, werden wir uns irgendwann öffnen. Und auch wenn das mitunter schmerzhaft sein kann, lohnt es sich allemal, offen zu werden. Sie sollten nicht vergessen, dass Raum für Glück frei wird, wenn auch nur die kleinste Menge Trauer oder Wut aus unserem Herzen weicht.

Die Fernheilung

Vor vielen Jahren sagte mir meine frühere Lehrmeisterin, ich könnte Menschen nicht nur heilen, wenn ich ihnen gegenübersitze, sondern auch aus der Ferne. Tatsächlich kann die mediale Energie, mit der wir beim Heilen arbeiten, ganze Kontinente überwinden. Das weiß ich, weil ich mich schon auf Kranke in Australien und Amerika – um nur zwei Kontinente zu nennen – eingestimmt habe, und diese Menschen haben die Heilung gespürt. Manchmal wussten sie noch nicht einmal, dass ich ihnen Heilung schickte.

Man sagt, der katholische Priester Padre Pio, der ein berühmter Heiler war, hätte sich über große Entfernungen projizieren können, um Leute zu heilen, ohne dass er sein Zimmer verlassen hätte. Viele Leute berichteten, sie hätten gesehen, wie er sich über ihr Krankenbett gebeugt habe, und sie seien schon bald darauf genesen. Auch meine Freundin und Lehrmeisterin Laura, ein unglaublich begabtes Trancemedium, sah sich schon in Krankenhäusern neben Patienten stehen und ihnen Heilenergie schicken, während ihr Körper sich ganz woanders befand.

Unabhängig davon, ob ein Heiler die Überwindung der Entfernung tatsächlich spürt oder nicht – sein Geist kann sich eindeutig mit Patienten in großer Ferne verbinden und ihre Heilung bewirken. Diese Form der Heilung, die „Fernheilung“ genannt wird, habe ich seit dem Anfang meiner Entwicklung selbst praktiziert, und zwar allein und als Teil eines Zirkels, und erhielt erstaunliches Feedback von Patienten.

Als Steven damit anfing, das Heilen mit Jim zu üben, brachte ich ihm das bei. Einer der Gründe war, dass es ihm helfen sollte, bei der Heilarbeit noch einfühlsamer zu sein. Er war ein Naturtalent, und ich bat ihn, ein besonderes Erlebnis mit der Gruppe zu teilen:

In der Anfangsphase meiner Entwicklung bei Gordon – als ich anfing, das Heilen zu üben – rief meine Schwester Kelly mich einmal an. Sie wusste, was ich tat, und bat mich, ihrem Mann Danny, der damals schwer krank war, Heilung zu schicken.

Ich ging in mein Zimmer, setzte mich aufs Bett und stimmte mich auf meinen Schwager ein. Zuerst versuchte ich, mir sein Äußeres ins Gedächtnis zu rufen. Dann stellte ich mir vor, ich würde neben ihm stehen.

Plötzlich stand ich im Flur des Hauses meiner Schwester und meines Schwagers. Da erschrak ich so sehr, dass ich die Augen aufmachte.

Als ich sie wieder zumachte, sah ich mich erneut im Flur meiner Schwester stehen. Diesmal ließ ich die Augen geschlossen und ging ins Wohnzimmer, wo Danny auf dem Sofa lag. Nur stand das Sofa an einer anderen Stelle als der, an die ich mich erinnerte – es stand jetzt an der anderen Zimmerwand.

Meistens rasierte sich mein Schwager, doch als ich die Hände nach ihm ausstreckte, um mit der Heilarbeit zu beginnen, spürte ich Bartstoppeln auf seinem Gesicht. Ich blieb mehrere Minuten so stehen und schickte ihm Heilenergie. Dann war ich wieder in meinem eigenen Zimmer.

Automatisch stellte ich mein Handy wieder an, das ich während der Heilarbeit ausgeschaltet hatte. Gleich darauf klingelte es. Meine Schwester rief mich auf dem Handy an und fragte mich, ob ich vielleicht ein weißes T-Shirt und eine hellblaue Jogginghose anhatte. Ich sagte „Ja", und das schockte sie. Sie erzählte mir, dass ich eine Sekunde lang so gekleidet auf ihrem Flur aufgetaucht, dann wieder verschwunden und noch einmal aufgetaucht sei.

Ich fragte sie, ob sie das Sofa umgestellt habe. Sie bejahte es, ja, sie habe es am Tag davor umgestellt. Warum ich das wissen wolle?

Ich antwortete, dass ich direkt vor ihrem Anruf Heilarbeit an Danny durchgeführt und sie in ihrem Haus gesehen hätte. Dann fragte ich sie, ob er sich an diesem Tag rasiert habe, da ich seine Bartstoppeln an den Händen gespürt habe. Jetzt war ich geschockt, denn sie antwortete, dass er sich in den letzten vier Tagen nicht mehr hatte rasieren können.

Nach diesem Ereignis ging es Danny rasch wieder besser, und ich stellte fest, dass ein Teil meines Geistes zu einem Kranken reisen kann, ohne dass ich den Raum verlassen muss, wenn der Wille zu heilen nur stark genug ist.

„Was für ein erstaunliches Erlebnis", dachte ich. Doch mir war längst klar, dass Steven mediale Fähigkeiten besaß und dies erst der Anfang war. Seine Heilkraft wurde allmählich so stark, dass viele der anderen Schüler ihn baten, zwischen den einzelnen Übungen mit ihnen Heilarbeit zu machen. Alle waren von der starken Energie, die durch seine Hände floss, sehr beeindruckt.

Man darf jedoch nicht vergessen, dass er sagte: „Wenn der Wille zu heilen stark genug ist.“ Das ist der Schlüssel zum Erfolg eines Heilers und auch eines Mediums. Sie müssen es wirklich wollen.

Wir übten Fernheilung mit den Teilnehmern. Dafür saßen wir in einem großen Kreis und bildeten mit den Händen eine Kette. Ich tat es, weil wir in unserem eigenen Zirkel jede Woche Fernheilung als Gruppe aussandten. Man kann es jedoch auch so wie Steven tun: allein in seinem Zimmer. Man braucht dafür keinen besonderen Ort. Fernheilung funktioniert wie ein Gebet: Jeder kann es überall tun, solange er daran glaubt. Der Unterschied ist nur, dass Fernheilung etwas ist, was man mit dem eigenen Geist – oder mit Hilfe seines Geistheilers – lenkt, während man beim Beten meist eine höhere Macht bittet, etwas zu tun, an dem man nicht teilhat.

Übung 11: Fernheilung

Vor Beginn dieser Übung müssen Sie eine Person oder Situation auswählen, die spirituelle Heilung benötigt. Denken Sie einen Augenblick lang über die Situation nach.

Beginnen Sie dann, tief zu atmen, und begeben Sie sich in die Stille.

Versetzen Sie Ihren Geist in den Teil von sich, der still und klar ist.

Fühlen Sie, wie sich die Kraft um Sie herum aufbaut, während Sie still werden und Ihr Geist langsam klar wird.

Bleiben Sie eine kurze Weile in der Kraft sitzen, um sich an die stärkere Schwingung zu gewöhnen.

Bitten Sie nun Ihren Geistheiler, in Ihren Sakralraum zu treten und sich mit Ihnen zu verbinden.

Achten Sie bewusst auf das Zeichen oder die Visitenkarte Ihres Geistheilers und bleiben Sie still sitzen, bis Sie sich vollkommen vereint mit dem Geistheiler fühlen.

Denken Sie an die Heilung, die Sie erreichen möchten, und visualisieren Sie einen Aspekt der Person oder Situation, die Ihnen bekannt ist.

Konzentrieren Sie sich einen Moment lang darauf und lassen Sie den Eindruck stärker und realer werden.

Versuchen Sie, sich der Person oder Situation im Geiste zu nähern und die Kraft, in der Sie sitzen, an sie weiterzuleiten.

Bitten Sie Ihren Geistheiler, mitzuwirken und die Energie, die durch Sie hindurchfließt, noch zu verstärken.

Sehen Sie zu, wie die betreffende Person oder Situation in der Heilenergie badet, die nun aus Ihren Händen strömt. Geben Sie die Energie großzügig und mitfühlend weiter.

Wenn Sie glauben, genügend Heilenergie verströmt zu haben, dann sehen Sie zu, wie sich Ihre Hände wieder zurückziehen, und entspannen Sie sich.

Bitten Sie Ihren Geistheiler, sich nun zu entfernen, und danken Sie ihm für seine Hilfe.

Schicken Sie alle restliche Energie an jemanden, der sie gerade braucht, in dem Wissen, dass die Geistführer im Zirkel sie leiten werden.

Entspannen Sie sich und atmen Sie immer wieder tief ein. Werden Sie mit jedem Atemzug wacher.

Öffnen Sie die Augen, wenn Sie wieder im Hier und Jetzt sind.

***

Wie ich weiß, gefiel diese Übung allen Teilnehmern, denn alle wollten wissen, wie oft sie die Übung durchführen sollten, ob sie sie alleine machen könnten und so weiter, obwohl wir ihnen all das schon vor der Übung gesagt hatten!

Da wir alle zusammenarbeiteten und als Einheit Heilung verschickten, fühlten wir uns stark miteinander verbunden. Ich gab der Gruppe am Schluss eine kleine Hausaufgabe auf, die uns jede Woche verbinden würde: Ich leitete sie an, bei einer Übung der Gruppenfernheilung mitzumachen, die ich mit meinem Zirkel regelmäßig auf dem ganzen Kontinent durchführte. Alle wollten daran teilnehmen. Weder die Entfernung noch die Zeitverschiebung konnte uns trennen, solange wir alle dieselbe Absicht hatten, andere zu heilen.

So ging unser zweites Modul zu Ende, und nach meiner Überzeugung war es sogar noch erfolgreicher als das erste. Ein Wochenende reicht zwar nicht aus, um das ganze Gebiet der spirituellen Heilung abzudecken, doch ich war sicher, dass alles, was ich den Schülern in den letzten zwei Tagen beigebracht hatte, in den nächsten Monaten angewandt werden würde und unsere Schüler bei unserer Rückkehr Fortschritte gemacht hätten.

Auch Steven schien durch seine erste Vorführung vor Zuschauern an Selbstbewusstsein gewonnen zu haben. Das erinnerte mich an das erste Mal, als ich in der Öffentlichkeit stand. Auch wenn ich damals große Angst hatte, löste das Loslassen, der Sprung ins kalte Wasser, etwas in mir aus, was mich auf eine höhere Ebene brachte. Steven war nun so fröhlich und erleichtert, dass ich nicht sicher war, ob er tatsächlich in einem Flugzeug sitzen musste, um abzuheben.

7
Der Zirkel wächst

Die Menschen bitten die geistige Welt, sie zu führen, doch dann bleiben sie sitzen und warten auf die Antwort. Manchmal muss man sich vom Geist jedoch an den richtigen Ort bringen lassen, um die Antwort zu bekommen.

Master Chi

Auf dem Weg zum Frankfurter Flughafen gingen Steven und ich noch einmal alles durch, was an diesem Wochenende geschehen war. Wir sprachen über die Teilnehmer und darüber, wer besonders erfolgreich gewesen war und echtes Potenzial gezeigt hatte. Ich war sowieso schon guter Stimmung, doch sie würde noch besser werden.

Kurz vor dem Abflug kam ein Steward an unseren Platz und fragte mich, ob ich Mr. Smith sei. Etwas verwundert bejahte ich das. Worum ging es? Er fragte, ob ich allein oder in Gesellschaft reisen würde. Als Antwort zeigte ich auf Steven, der genauso verwundert war wie ich.

Da teilte uns der Steward mit, dass vorne im Flugzeug Plätze für uns frei seien, und bat uns mitzukommen.

Als wir uns in der ersten Klasse wiederfanden, dachten wir beide lächelnd: „Na also – die feinstoffliche Welt kümmert sich um die ihrigen!“

Der Steward hieß Paul. Wie sich herausstellte, interessierte er sich sehr für die Arbeit als Medium. Er erzählte, er habe mehrere Bücher von mir gelesen und mich schon als Medium gesehen. Deswegen hatte er mich wiedererkannt und uns die Plätze als Dank für meine gute Arbeit angeboten. Das war das perfekte Ende unserer Reise!

Während des Fluges kam Paul zu uns, und wir redeten über die mediale Arbeit. Offensichtlich hatte er sich schon immer dafür interessiert. Er war offen und freundlich, und ich fühlte mich ähnlich verbunden mit ihm, wie ich mich bei meiner ersten Begegnung mit Steven gefühlt hatte.

Gegen Ende des Fluges sagte ich ihm, dass ich bald auf Tournee gehen würde, auf der ich die mediale Arbeit vorführen würde. Ich bot ihm an, ihm Tickets zu besorgen, wenn er Interesse daran hatte. Er bedankte sich dafür und meinte, er habe schon viele Vorführungen gesehen und würde lieber an einem Entwicklungszirkel teilnehmen. Das hatte er noch nie, aber er hatte schon oft davon in Büchern gelesen. „Einmal würde mir schon reichen", meinte er. Steven notierte sich seine Nummer und sagte, er würde in Kontakt bleiben, und beim Verlassen des Fliegers dankten wir ihm noch einmal.

„Seltsam", dachte ich. Jim und ich hatten erst vor kurzem spekuliert, ob noch mehr Leute bald unserem Zirkel beitreten würden. Wir haben hinsichtlich des Zirkels eine Abmachung mit der feinstofflichen Welt: Wir lassen sie die Menschen, die sie medial weiterentwickeln will, zu uns schicken. Auch wenn ich aufgrund eines einzigen Kontakts mit jemandem noch keine diesbezügliche Entscheidung treffe, fand ich es interessant, dass diese Begegnung am Ende eines medialen Seminars stattgefunden hatte, beinahe so, als wäre sie die Fortsetzung davon.

Es war ein tolles Wochenende und das Ende war die Krönung. Ich liebe meine Arbeit als Medium. Ich liebe es, anderen Leuten bei ihrer Entwicklung zu helfen und ihnen die Dinge klarer zu machen. Die Module, die wir für die deutschen Teilnehmer entworfen hatten, zahlten sich aus.

Die Zeit mit ihnen war nett gewesen, aber ich kehre auch immer gerne wieder nach Hause zurück – in den Alltag mit Jim und meiner wunderschönen Spanielhündin Meg, die schon auf mich wartete. Das erdet mich immer wieder.

Die Unterhaltung mit Paul über die Tournee erinnerte mich außerdem daran, dass ich mich in den nächsten Tagen wieder auf die Arbeit als Medium vorbereiten musste. Ich hatte so viel Zeit mit der Entwicklung der Module und dem Seminar in Deutschland verbracht, dass ich die bevorstehenden Vorstellungen meiner medialen Arbeit in England ganz vergessen hatte. Das erdete mich nicht nur, sondern fühlte sich eher so an, als würde ich hart auf dem Boden der Tatsachen ankommen!

Zwei Tage später reiste ich in den Norden Englands, um in Warrington meine erste mediale Veranstaltung zu geben. Darauf folgten zwei weitere in dieser Region. Ich hatte schon seit mehreren Monaten nicht mehr als Medium in der Öffentlichkeit gearbeitet und das letzte Mal hatte mich ziemlich erschöpft. Doch in den Monaten danach hatte ich an meinem Zirkel teilgenommen und war wieder viel motivierter.

Das wollte ich meinen deutschen Schülern beim dritten Modul in Deutschland – bei dem es um die mediale Arbeit in öffentlichen Vorstellungen ging – deutlich machen. Wenn ich nicht regelmäßig in einem Zirkel meditiere, habe ich das Gefühl, als würde meine Arbeit als Medium darunter leiden. Andere medial Begabte haben möglicherweise ihre eigene Methode, wie sie ihr Signal an die feinstoffliche Welt stärken können, aber ich finde immer, dass meine Arbeit wirksamer und klarer ist, wenn ich einem Team angehöre, das wie ein Akku meine Batterien auflädt.

Die Bühnenveranstaltungen liefen sehr gut, und wenn meine Verbindung zur feinstofflichen Welt stark ist, neige ich weniger zu Erschöpfung – im Gegenteil, dann könnte ich die ganze Nacht hindurch Botschaften übermitteln. Doch in einem Theater holt irgendjemand einen immer von der Bühne herunter, wenn die Veranstaltung zu Ende ist. Ich merkte jedoch, dass ich meine Arbeit wieder mit Freude machte und die nächste Vorstellung kaum erwarten konnte, weil meine Verbindung zur feinstofflichen Welt im medialen Zirkel ungehemmt floss.

Sara

Unser Zirkel hatte nun ein neues Mitglied dazugewonnen. Es war nicht der Flugsteward Paul, sondern meine alte Bekannte Sara. Ich hatte sie in meiner Lerngruppe in einem meiner Seminare, die ich zweimal jährlich in Eastbourne für die Spiritistische Vereinigung Großbritanniens veranstalte, kennengelernt. Sara hatte an allen Seminaren teilgenommen. Über die Jahre hatten wir uns angefreundet, und da sie in ihrer Entwicklung schon ziemlich fortgeschritten war, saß sie immer in meiner Gruppe, in der es um die Arbeit als Trancemedium ging.

Ich möchte sicher sein, dass ich einen Bezug zu den anderen in meinem Zirkel habe und dass uns allen klar ist, worum es in unserer Gruppe geht. Daher schickte ich in einer unserer Sessions in Eastbourne, während Sara mit allen anderen Schülern in der Gruppe meditierte und ich spürte, dass sie mit ihrem Geistführer verbunden war, ihrem Geistführer per Telepathie die Bitte, ihre Hände zu bewegen. In der nächsten Sekunde hoben sich ihre Hände und schwebten in der Luft.

Dann fragte ich ihren Geistführer, ob er sie dazu bringen könnte, aufzustehen und in die Mitte des Raums zu gehen. Auch das geschah, sobald ich den Gedanken gesendet hatte. Die ganze Zeit über behielt sie die Augen zu. Sie wurde von dem Geistführer gelenkt, der mit ihr arbeitete. Ihr Körper war mir zugewandt und sie hatte den Kopf gesenkt.

Es war faszinierend. Ich war der Einzige im Zimmer, dessen Augen geöffnet waren, und ich kommunizierte über Gedanken mit ihrem Geistführer – was ich in den Jahren im Zirkel gelernt hatte.

Wieder fragte ich ihn, ob sie mit einem der anderen Schüler in der Gruppe Verbindung aufnehmen und mit ihm zusammenarbeiten könnte. Da wandte sie sich um und ging auf Steven zu, der sich auch in einem Trancezustand befand und mit seinem Geistführer verbunden war.

Es überraschte mich nicht, als er die Hände hob und nach vorne ausstreckte. Seine Fingerspitzen berührten für einen Augenblick Saras Fingerspitzen. Dann leitete ihr Geistführer sie wieder an ihren Platz und setzte sie hin. Ihre Verbindung war stark genug, um den Eindrücken ihres Geistführers zu folgen, ohne Fragen zu stellen.

In diesem Moment wusste ich: Sie war unser neues Zirkelmitglied.

Sie ahnte zwar nicht, dass ich ihren Geistführer um all das gebeten hatte, doch als ich sie fragte, ob sie unserem medialen Zirkel beitreten wolle, nahm sie die Einladung sofort an. Sie selbst hatte ihren Geistführer gebeten, sie zu einem neuen Zirkel zu führen, da sie spürte, dass sie noch tiefergehen und mehr loslassen musste.

Es fühlte sich absolut richtig an. Schon an unserer nächsten Session nahm sie teil, und es war, als wäre sie schon immer dabei gewesen.

Für unseren Steward lief die Sache anders. Steven hatte Pauls Telefonnummer verlegt und so konnten wir ihn nicht erreichen. Es war merkwürdig, da ich wegen ihm ein so sicheres Gefühl hatte und nicht glauben konnte, dass dies das Ende sein sollte. Ich war überzeugt, er würde Teil unseres Zirkels werden.

Unsere Gruppe wurde nun immer intensiver und die Energie unter uns war schon fast greifbar; wir konnten die feinstoffliche Welt im Raum buchstäblich körperlich wahrnehmen und hatten bei jeder Sitzung hervorragende Ergebnisse. Auch meine Arbeit in der Öffentlichkeit wurde immer besser, und der Grund dafür war die mediale Zelle, die wir einmal in der Woche aufbauten. Außerdem nahmen wir um sieben Uhr abends (britische Zeit) Verbindung zu den Schülern in Deutschland auf, bei denen es dann zwanzig Uhr (je nach Sommer-/Winterzeit) war, und unsere heilenden Netze waren für viele spürbar.

8
Readings

Weder Raum noch Zeit kann die feinstoffliche Welt – oder Menschen, die die Wahrheit kennen - beeinflussen.

Master Chi

Als Medium vor Zuschauern zu arbeiten kann ganz schön nervenaufreibend sein, weil der Druck so stark ist, es richtig zu machen, den Leuten zu beweisen, dass die empfangenen Informationen wirklich von einer Quelle kommen, die nur das Geistwesen oder das Bewusstsein einer Seele in der feinstofflichen Welt sein kann. Außerdem beruht unser ganzes Glaubenssystem auf dieser Art von Nachweis, und man muss ihn erbringen.

Deshalb riet ich Steven, mit Privatsitzungen zu beginnen. Das sind Readings unter vier Augen; sie sind weitaus intimer und weniger stressig als die Arbeit in der Öffentlichkeit. Mein alter Freund Albert Best sagte mir, häufige Privatsessions würden das Medium in mir stärken. Er fand sogar Leute, mit denen ich arbeiten konnte, Menschen, die das Bedürfnis hatten und Albert vertrauten, wenn er ihnen sagte, dass ich authentisch sei und er mein Potenzial erkennen könnte, auch wenn ich erst am Anfang stand.

Dasselbe machte ich mit meinem eigenen Schüler: Ich ließ ihn Sessions mit Leuten abhalten, die einen geliebten Menschen verloren hatten und Steven nur zu gern an sich üben ließen.

Einmal ließ ich Steven ein Reading für mich machen. Zu seinem Erstaunen empfing er sofort den Namen meiner Großmutter – Joan – und sagte kurz darauf auch noch ihren Mädchennamen „Cameron“. Auch erwähnte er ihren Geburtsort Mull of Kintyre. Er ahnte nicht, wie akkurat sein Reading war, und glaubte, ich würde die Details nur bestätigen, um ihm einen Gefallen zu tun!

Sein Reading wies zwar noch viele Lücken auf, aber es zeigte mir, dass er vorankam und die Nachweise empfing.

Ich hätte ihn nie auf eine öffentliche Bühne gebracht, ohne genau zu wissen, wie gut er sich in den Readings unter vier Augen schlug. Wenn Sie solche Readings gut beherrschen, haben Sie die Mittel, die Sie auch für öffentliche Veranstaltungen brauchen.

Als ich dachte, er sei so weit, hielten wir in Basel ein zweitägiges Seminar ab. Wie ich stolz berichten kann, stieg mein Schüler mit mir auf die Bühne und gab Mitteilungen aus dem Jenseits an die Zuschauer weiter – wenn auch nicht ohne anfängliche Bedenken:

> *In privaten Sitzungen hatte ich schon Botschaften übermittelt und kein Problem damit. Ich hatte sogar Spaß daran. Doch beim ersten Mal, als Gordon mich auf die Bühne holte, war ich nervös und versuchte, mich irgendwie herauszuwinden.*
>
> *Ich habe zwar schon immer gespürt, dass ich es kann, doch ich befürchtete, die Nerven zu verlieren und deswegen Fehler zu machen. Es dauerte eine Weile, bis ich merkte, dass alle meine Befürchtungen allein mit mir zu tun hatten und nichts mit den Menschen, die gekommen waren, um die Verbindung zu einem Verstorbenen herzustellen. Da erinnerte ich mich daran, was ich während meiner Weiterentwicklung gelernt hatte: Ich bin in solchen Situationen nur der Vermittler, nur das Mikrofon eines Geistwesens, durch das es seine trauernden Angehörigen erreichen kann.*

Eigentlich ging es nur um eines, und das war Vertrauen. Bevor ich auf die Bühne ging, sagte Gordon mir, ich solle wie jeher meinem Geistführer und meinem Geistheiler wirklich vertrauen; sie würden mich nie im Stich lassen, wenn ich ihnen aufrichtig dienen wolle. Das zeigte mir wieder einmal, wie wenig Gewicht ich persönlich während der Vorführung hatte, und dass ich mich nur vor die Zuschauer setzen sollte, und die feinstoffliche Welt würde den Rest machen.

Tief in meinen Herzen war mir klar, dass ich nicht dort war, um irgendwas zu leisten oder zu hören, ich sei ein gutes Medium, sondern um zu helfen und zu heilen, um mich mit Herz und Mitgefühl zu verbinden, um wichtige Informationen aus der feinstofflichen Welt an den Empfänger zu übermitteln.

Die beste Belohnung für das Vertrauen in die feinstoffliche Welt ist das Glücksgefühl, das man empfindet, wenn man weiß, dass ein Teil von einem dazu beitragen konnte, anderen zu helfen.

Es freute mich sehr, dass sich alles, was wir Steven beigebracht und mit ihm geübt hatten, auszahlte. Er hatte sich die Zeit genommen, sich hinzusetzen und alles zu verarbeiten und damit eine Verbindung zur feinstofflichen Welt und zu seinem Selbstvertrauen herzustellen.

Das dritte Modul

Du fragst, was das Geschenk der Hellsicht ist. Nun, es bedeutet, „klar zu sehen“. Oft ist nicht das, was jemand sieht, vernebelt, sondern seine Beschreibung. Die klare Kommunikation ist daher eine Fähigkeit, die mit dieser Gabe einhergehen muss.

Master Chi

Bevor ich mit meiner medialen Entwicklung bei Mrs. Primrose begann, hatte ich schon immer Vorahnungen gehabt und die Gefühle anderer gespürt, ohne den Grund dafür zu kennen. Für unsere Entwicklung ist es wichtig zu wissen, warum manche Menschen solche Dinge erleben und andere nicht, und wie wir solche Ereignisse positiv nutzen können. In unserem dritten Modul ging es daher um übersinnliche Eindrücke und die mentale Arbeit als Medium.

Wenn jemand Episoden und emotionale Erlebnisse eines anderen spürt, nutzt er dafür seine eigene Gabe, andere lesen zu können. Sie hängt von seiner Sensitivität und Intuition ab. Ein Medium andererseits versucht, Verbindung zu jemandem in der feinstofflichen Welt aufzunehmen, um hilfreiche Informationen für eine Person zu erhalten. Bei medialer Arbeit kommen die Informationen durch den Geist des Mediums, auch wenn sie vom Bewusstsein des Geistwesens in der feinstofflichen Welt gesendet werden.

Man hat mich schon oft gefragt, was der Unterschied zwischen einem Sensitiven und einem Medium ist. Meine Erklärung ist, dass alle medial Begabten zwar sensitiv sind, doch nicht alle Sensitiven eine mediale Begabung haben.

Die spirituelle Entwicklung macht einen automatisch einfühlsamer und Einfühlsamkeit beinhaltet ein starkes sensitives Element. Es ist nur ein kleiner Schritt von dem Bewusstsein, wie andere sich fühlen, hin zu dem Ausgang einer Situation, die man im Voraus spürt.

Bei der ersten Übung des dritten Moduls konnten die Schüler versuchen, ihre mitfühlende oder sensitive Begabung anzuwenden. Das hatte ich schon mit Steven geübt, als ich Fortschritte in seiner Heilkunst bemerkt hatte. Der Wunsch, andere zu heilen, ermöglichte ihm, Mitgefühl zu entwickeln, und ich wollte sehen, ob er auch Informationen über andere aufgreifen konnte, ohne sich mit seinem Geistführer oder Geistheiler zu verbinden. Ich wollte herausfinden, ob er ihre Lebenssituation fühlen und womöglich sogar Vorhersagen treffen konnte. Dieses Fühlen ist sensitiver Natur und man muss es von der medialen Arbeit unterscheiden können.

Wieder einmal sollten die Teilnehmer für diese Übung zwei große Kreise – einen inneren und einen äußeren – bilden. Ihre Sitze wurden so arrangiert, dass sie sich einander gegenübersaßen. Alle Schüler im äußeren Kreis sollten die Übung mit ihrem Partner im inneren Kreis, der wach und offen für das Reading bleiben sollte, durchführen.

Übung 12: Mediale Readings

Teilnehmer, die die Readings vornehmen: Entspannen Sie sich und klären Sie Ihren Geist.

Wenn Sie sich entspannt haben und Ihr Kopf klar ist, dann ergreifen Sie die Hände Ihres Partners und nehmen Sie das erste Gefühl, das Sie bekommen, bewusst wahr.

Spüren Sie im Leben Ihres Partners aufgewühlte Gefühle oder Verwirrung, oder empfinden Sie Freude und Zufriedenheit?

Suchen Sie nach der Ursache des Gefühls, das Sie spüren.

Suchen Sie nach Zeiten in der Vergangenheit des Partners, in denen das gespürte Gefühl zuerst auftrat.

Versuchen Sie, Ereignisse zu visualisieren, die in diesem Zeitraum – den Ihr Partner bestätigen kann – passiert sind.

Versuchen Sie nun, ein so klares Bild wie möglich aufzubauen, und nutzen Sie Körper und Geist, um diese Informationen zu erhalten.

Wenn Sie sich dessen, was Sie empfangen, sicher sind, dann berichten Sie Ihrem Partner so deutlich wie möglich, was Sie fühlen und auch, ob Sie irgendwas in Ihrem Geist sehen.

Klären Sie den Geist und starten Sie einen neuen Versuch, wenn die Informationen, die Sie empfangen, nicht bestätigt werden. Achten Sie darauf, nicht in Ihrem eigenen Geist gefangen zu sein.

Verwenden Sie die von Ihnen empfangenen Informationen, wenn sie bestätigt werden, um das Leben des Partners tiefgründiger anzusehen.

Suchen Sie zuerst nach Hinweisen seines derzeitigen Lebens, die er bestätigen kann. Das zeigt, dass Sie tatsächlich eine Verbindung zu ihm und den Ereignissen in seinem Leben aufgebaut haben. Versuchen Sie, spezifisch zu sein, indem Sie nach Daten und Zeiten suchen, die das bestätigen, was Sie fühlen.

Berichten Sie Ihrem Partner alles, was Sie fühlen oder sehen, und warten Sie seine Reaktion ab.

Gehen Sie über zum nächsten Schritt, wenn er Ihre Informationen verstanden hat. Bitten Sie um ein deutlicheres mentales Bild, falls es Unklarheiten gibt, aber geben Sie alles, was Sie in diesem Moment erleben, an ihn weiter.

Ermöglichen Sie es Ihrem Partner, auf Ihre Informationen zu antworten, aber lassen Sie nicht zu, dass er Ihnen Dinge einredet, die er hören will. Es ist Ihre Aufgabe, Informationen über ihn zu erfühlen.

Fragen Sie sich im Geiste, welche Bedeutung die Informationen über seine Vergangenheit, die Sie fühlen, für die Gegenwart haben. Nutzen Sie diesen Bezug, um herauszufinden, wo auf seinem Lebensweg er gerade steht.

Wenden Sie erneut Ihre Intuition an, während Sie sich fragen, ob Sie dem Partner Führung oder Hilfe geben können.

Denken Sie bei der Frage wie ein Heiler und lassen Sie sich von Ihrem heilenden Wesen zur richtigen Antwort führen.

Versuchen Sie bei jeder Frage, die Sie stellen, spontan zu antworten. Bei dieser Übung ist der erste Gedanke meist der beste.

Danken Sie Ihrem Partner, wenn Sie spüren, dass Sie alle relevanten und hilfreichen Informationen weitergegeben haben, und beenden Sie die Übung.

***

Zwanzig Readings fanden in Frankfurt statt, und nur zwei Teilnehmer konnten keine Verbindung herstellen und brachen das Reading ab. In beiden Fällen waren die Personen, die das Reading gaben, so ehrlich, zu sagen, dass sie nichts gefühlt hatten. Es hätte mich überrascht, wenn alle in der Gruppe eine erfolgreiche Verbindung zu ihren Partnern zustande gebracht hätten, doch insgesamt waren die Ergebnisse recht beeindruckend, als wir am Ende der Readings einige der Informationen sammelten.

Können Sie es glauben? Thomas gehörte nicht zu den Schülern, die keine Verbindung herstellen konnten. Im Gegenteil: Sein Reading war eines der akkuratesten. Interessant war, dass es ihm zwar schwerfiel, eine Verbindung zur feinstofflichen Welt aufzubauen, doch in der sensitiven Übung entpuppte er sich als Naturtalent. Er sagte seiner Partnerin auf den Kopf zu, dass sie in den letzten Jahren mit einem bestimmten Familienmitglied Probleme gehabt habe, die sie sehr aufwühlten und sogar einsam machten. Thomas benannte die Person, die ihr so viel

Schwierigkeiten gemacht hatte, korrekt und konnte den genauen Zeitpunkt sagen, an dem das Problem aufgetaucht war. Außerdem sagte er, der Vorfall sei zwei Wochen zuvor geklärt worden, der Frau gehe es jetzt viel besser und er habe das Gefühl, als seien die Probleme nun beseitigt. Diese Information war besonders hilfreich für seine Partnerin, da sie daran gezweifelt hatte, das Richtige getan zu haben.

Das waren solide sensitive Beweise, die auf einfühlsame Weise verwendet wurden. Wichtig an diesem Reading war auch die Tatsache, dass Thomas seine Heilfähigkeit dazu genutzt hatte, nach positiven Informationen zu suchen. Viele Sensitive haben zwar die Fähigkeit, bei einem Reading richtige Informationen aufzugreifen, können sie jedoch nur schlecht herüberbringen, so dass die Person verwirrt oder sogar verstört ist, weil sie keine Lösung oder kein positives Ende hört.

Sensitive Fähigkeiten bringen viel Verantwortung mit sich, und Schüler sollten sich dieser Verantwortung bewusst sein, bevor sie überhaupt daran denken, Readings außerhalb des Klassenzimmers zu geben. Ein Mann, den ich vor vielen Jahren kennenlernte, wurde fast süchtig nach den Readings eines Sensitiven, der ihm ständig beunruhigende Details über seine Familie sagte. Manche Dinge stimmten und waren sogar ganz spezifisch, doch sie ließ ihn oft mit mehr Fragen und stärkeren Ängsten zurück, als er vor den Readings gehabt hatte.

Auch wenn es nur eine Übung für Leute war, die sich medial noch entwickelten, sollten alle in der Gruppe wissen, dass wir lernen müssen, unserem Instinkt zu vertrauen und zu wissen, was wir anderen sagen. Das war wichtig, da wir uns jetzt mit

Aspekten befassten, in denen die Leute von dem abhängig waren, was wir ihnen berichteten. Ich bin im Leben schon so oft jemandem begegnet, der von Sensitiven oder medial Begabten so abhängig war, dass er ohne deren Zuspruch nicht mehr denken oder handeln konnte.

Es war für die Teilnehmer eine gute Gelegenheit, die Wichtigkeit des geplanten Kursverlaufes zu erkennen. Wenn man das Heilen übt, bevor man zu Readings übergeht, legt das die Richtung fest, die das sich entwickelnde Medium nehmen sollte. Es muss einem wichtig sein, was man tut und wie sich das auf andere auswirkt. Heilung und positive Auswirkungen auf andere sollten der Kern aller Dinge sein, die Sie anstreben.

Die ganze Gruppe freute sich zu hören, dass Steven zusammen mit mir in der Schweiz gearbeitet hatte und erfolgreich Botschaften aus der feinstofflichen Welt vor Zuschauern vermittelt hatte. Ich glaube, das zeigte ihnen, dass durch Engagement und Üben auch sie ähnliche Fortschritte machen könnten. Außerdem merkten sie, dass Steven seit dem letzten Modul selbstsicherer geworden war. Allmählich wurde er ihnen zur Inspiration!

Mary Armours Checkliste

Vor vielen Jahren gründete meine gute Freundin und Kollegin Mary Armour, ein begehrtes Medium und eine hervorragende Lehrmeisterin, einen Workshop, den sie überall auf der Welt anbot. Sie nannte ihn „Die Werkzeugkiste des Mediums“. Als Teil davon entwickelte sie eine Checkliste für das Überbringen einer medialen Botschaft.

Als ich zum ersten Mal erlebte, wie die Kursteilnehmer diese Checkliste anwenden, beeindruckte mich, wie schnell sie damit arbeiten konnten. Seitdem habe ich sie selbst schon oft in Workshops verwendet. Ich habe sogar Steven zu Mary geschickt, damit er lernen sollte, wie man mediale Mitteilungen aufbaut. Sie weiß genau, wie man Schüler dazu bringt, tiefer zu schürfen, um gute Ergebnisse zu bekommen. Steven benutzt die Checkliste noch heute, weil er anhand der Liste nach intelligenten, informativen Antworten suchen kann, die dem Klienten das sichere Gefühl geben, wirklich von einem verstorbenen Angehörigen gehört zu haben.

Jedem der Frankfurter Teilnehmer wurde eine Kopie der Checkliste ausgehändigt, damit sie sich damit für die nächste Übung vertraut machen konnten:

1. Finden Sie zuerst heraus, ob Sie mit einem männlichen oder einem weiblichen Geistwesen kommunizieren.

2. Fragen Sie nach einem Namen – entweder seinem eigenen Namen oder einem Nachnamen, der eine Bedeutung für den Klienten hat.

3. Fragen Sie das Geistwesen, wie und wann es verstorben ist.

4. Fragen Sie es, ob es ein Muttermal, eine Narbe oder ein Körpermerkmal hatte, an dem der Klient es erkennen kann.

5. Fragen Sie, ob es ein wichtiges Datum – entweder einen Geburtstag oder einen besonderen Jahrestag – nennen kann, das relevant ist.

6. Fragen Sie es, warum es erschienen ist.
7. Fragen Sie es nach seiner Botschaft für den Klienten.
8. Fragen Sie es, ob es Ihnen etwas mitteilen kann, was seit seinem Tod passiert ist – etwas, was vor kurzem geschehen ist und beweist, dass es sich auch nach seinem Tod des Lebens auf der Erde bewusst ist.
9. Fragen Sie nach einer spezifischen Erinnerung, die für den Klienten und den Verstorbenen eine Bedeutung hat.
10. Steht es mit irgendjemandem, den der Klient auch kannte, in der feinstofflichen Welt in Verbindung?

Übung 13: Sensitive Readings

Die Schüler arbeiten wieder in Zweierteams, wobei einer die Rolle des Mediums übernimmt, das das Reading gibt, und der andere der Klient ist.

Teilnehmer, die als Medium arbeiten: Sitzen Sie für einen Moment ruhig da, entspannen Sie sich und begeben Sie sich in die Stille.

Diesen Zustand zu erreichen dürfte mittlerweile nicht mehr lange dauern; also bitten Sie nun Ihren Geistführer, sich in Ihren inneren Raum zu begeben. Warten Sie ab, bis Sie seine Visitenkarte fühlen, und vergewissern Sie sich, dass Sie seine Präsenz spüren, bevor Sie weitermachen.

Bitten Sie Ihren Geistführer um die Erlaubnis, mit dem Teilnehmer zu arbeiten, und fragen Sie ihn, ob ein Verstorbener mit ihm kommunizieren möchte.

Wenn Sie sicher sind, für den Teilnehmer eine Verbindung geschaffen zu haben, dann wenden Sie die Checkliste an und stellen dem Geistwesen, der kommunizieren will, die einzelnen Fragen.

Übermitteln Sie dem Teilnehmer, was Sie empfangen, wenn Sie die erste Antwort erhalten haben und sicher sind, dass sie authentisch ist.

Arbeiten Sie zusammen mit dem Geistwesen, mit dem Sie verbunden sind, die Checkliste ab und versuchen Sie, so viele eindeutige Antworten wie möglich zu erhalten.

Sagen Sie der Person immer genau, was Sie wahrnehmen, wenn Sie eine Antwort erhalten, da das Geistwesen möglicherweise versucht, auf unterschiedliche Weisen zu kommunizieren. Achten Sie daher auf alle Wahrnehmungen und Veränderungen.

Danken Sie dem Geistwesen, wenn Sie sicher sind, dass es alle Informationen kommunizieren konnte, die es loswerden wollte, und bitten Sie es dann, zurückzutreten.

Danken Sie Ihrem Geistführer und bitten Sie auch ihn, zurückzutreten.

Nehmen Sie sich die Zeit, wieder ins Hier und Jetzt zu kommen, und entspannen Sie sich.

Lassen Sie den Teilnehmer alles sagen, was er für relevant hielt, und bestätigen, ob er das Gefühl hat, dass Sie eine echte Verbindung zur feinstofflichen Welt herstellen konnten und ihm eine relevante Botschaft überbracht haben.

***

Vergessen Sie nicht: Die Checkliste ist nur eine Orientierungshilfe für das Medium, um auf dem richtigen Weg zu bleiben und sich darauf zu konzentrieren, die richtigen Nachweise für seinen Klienten zu empfangen. Wenn Sie sie anwenden, erhalten Sie nicht unbedingt Antworten auf alle Fragen. Sobald Sie sicher sind, dass Sie eine starke Verbindung zur feinstofflichen Welt aufgebaut haben und Ihr Geistführer die ankommenden Informationen überwacht, können Sie die Liste vergessen und zulassen, dass der Geistführer Sie durch das Reading führt. Wie ich meine, geschieht das jedoch erst in einer etwas späteren Entwicklungsphase.

Die Schüler schlugen sich bei dieser Übung sehr gut. Auch diesmal fanden sie es toll, dass wir ihnen ein Werkzeug gegeben hatten, das sie nutzen konnten, wenn sie nicht weiterkamen, etwas, was sie daran erinnerte, was und warum sie es taten.

Als wir sie hinterher befragten, stellten wir fest, dass einige ihrer Readings sehr akkurat waren. Eine Frau namens Christiana stellte eine erstaunliche Verbindung zum Onkel ihres Lebenspartners her, der erst sechs Monate zuvor verstorben war. Wie sie sofort feststellen konnte, war sie mit einem Mann verbunden; dann erhielt sie seinen Namen und wie er gestorben war. Sie fand heraus, dass er zwei Töchter hatte. Der Verstorbene sandte eine starke, positive Nachricht über das gegenwärtige Leben seiner Töchter. Außerdem übermittelte er Informationen, die nur die Familie kannte. Christiana hatte zwar zuerst die Checkliste angewandt, doch dann beschrieb sie sehr persönliche Details, die ihrem Partner und seinem Onkel bekannt waren. Insgesamt war es ein ausgezeichnetes Reading und ein guter Nachweis, dass sie tatsächlich mit der Seele des Onkels ihres Partners zusammenarbeitete.

Die Teilnehmer hatten zwar viele Fragen hinsichtlich der Checkliste, doch ich erinnerte sie daran, dass sie nur eine Orientierungshilfe und Lernmittel ist. Je stärker ihre Verbindung zur feinstofflichen Welt wurde, desto weniger würden sie die Checkliste brauchen.

Eine besonders interessante Erfahrung während der Übung machte ein Teilnehmer, der, wie er zugab, nur auf Drängen seiner Frau mitmachte. Er lieferte einige der beeindruckendsten Nachweise und war völlig baff, dass sie richtig waren. Er hätte nie gedacht, dass er so etwas wirklich tun könnte. Der Gesichtsausdruck seiner Frau während seiner Schilderungen verriet mir, dass sie sogar noch überraschter war als ihr Mann!

Am Schluss der Übung betonte ich erneut, dass wir bei dieser Art der medialen Arbeit eine große Verantwortung tragen. Den Teilnehmern der Gruppe, die keinen Kontakt zustande gebracht hatten, sagte ich, dass es wichtig ist, offen und ehrlich zu seinem Klienten zu sein und nicht irgendwas zu erfinden. Jedes gute Medium, das ich kenne oder mit dem ich schon irgendwann gearbeitet habe, wird zugeben, dass es schon erfolglose Readings hatte. Dann empfangen sie entweder nichts aus der feinstofflichen Welt oder sie stellen fest, dass sie an diesem Tag keine Verbindung aufbauen können. Die Gründe dafür sind vielseitig. Möglicherweise ist das Medium an diesem Tag einfach nicht gut eingestimmt. Wie ich festgestellt habe, gibt es auch Fälle, in denen die feinstoffliche Welt weiß, dass dem Klienten zu diesem Zeitpunkt seines Lebens ein Reading nicht guttun würde.

Es gab Tage, an denen ich hintereinander mehrere private Readings gab – nur um aus irgendeinem unbekannten Grund nichts für den nächsten Klienten zu empfangen. Als Medium bin ich in solchen Fällen wegen des Klienten enttäuscht, aber da kann man nichts machen, außer ihnen die Wahrheit zu sagen und nicht zu versuchen, sie mit irgendwelchem Psychogeschwätz einzuseifen.

Botschaften in kleinen Zirkeln überbringen

Ich ermutigte Steven in den Zeiträumen zwischen den Modulen, auf der Grundlage seiner eigenen Entwicklung ein paar neue Übungen für unsere Frankfurter Schüler zu entwerfen. Auf diese Weise bekam ich auch ein Gefühl dafür, wo er gerade stand, wenn es darum ging, der Gruppe die mediale Arbeit zu erläutern. Obwohl ich es ihm damals nicht sagte, sollte er noch mehr zum Unterricht beisteuern, der Gruppe mehr Einzelheiten über seine eigenen Fortschritte schildern und berichten, welche Übungen ihm am meisten brachten.

Anfangs war er wie immer unsicher über die Gestaltung der Übungen:

Ich konnte es kaum glauben, als Gordon mich aufforderte, Übungen für die nächsten Module zu entwickeln. Zuerst dachte ich ernsthaft, das würde ich nie schaffen, aber mir war klar, dass ich es wenigstens versuchen musste, weil er überzeugt war, ich könnte es. Ich hatte eine Verbindung zu meinem Geistführer, der mir schon so viel gezeigt hatte, und einen Bezug zu Gordon, der mir so viele Chancen gegeben hatte. Daher entschied ich, beiden einfach zu vertrauen und ein paar der positiven Elemente aus meiner eigenen Entwicklung anzuwenden.

Ich dachte daran, wie sehr ich mich immer vor der Zuschauerbühne gefürchtet hatte, und ich wusste, dass die Teilnehmer irgendwann im dritten Modul ihre Fähigkeiten selbst demonstrieren müssten. Deswegen beschloss ich, eine Übung zu entwerfen, die als Brücke zwischen dem privaten und dem öffentlichen Reading dienen würde. Die Schüler sollten in einem kleinen Kreis stehen und eine Botschaft übermitteln. Ich war sicher, das würde es ihnen etwas leichter machen.

Es war also Steven, der sich diese nächste Übung ausdachte:

Übung 14: Nachweise im Zirkel erbringen

Die Schüler werden in kleine Zirkel aufgeteilt (in diesem Fall Kreise von jeweils fünf Personen).

Ein Teilnehmer versucht, offen zu sein und an einen geliebten Menschen zu denken, den er verloren hat.

Restliche Teilnehmer: Begeben Sie sich in die Stille und nehmen Sie Verbindung zu Ihrem Geistführer auf.

Wenn Sie fühlen, dass Sie mit Ihrem Geistführer verbunden sind und seine Visitenkarte gespürt haben, dann fragen Sie ihn, ob Sie mit dem ausgewählten Teilnehmer arbeiten dürfen.

Wenden Sie, wenn die Antwort positiv ist, die Checkliste an. Fragen Sie den Geistführer, ob eine männliche oder eine weibliche Präsenz Verbindung aufnehmen möchte, und versuchen Sie, die Persönlichkeit des Geistwesens zu fühlen.

Wenn Sie sicher sind, dass dessen geistige Präsenz da ist und mit Ihnen und Ihrem Geistführer zusammenarbeiten will, dann stellen Sie ihr eine Frage aus der Checkliste.

Achten Sie darauf, wie Sie Informationen von dem Geistwesen empfangen. Sehen oder hören Sie es? Möglicherweise fühlen Sie es durch Wahrnehmungen um Ihren Körper herum.

Behalten Sie die Information im Kopf und fragen Sie dann, ob das Geistwesen eine Mitteilung für den Teilnehmer hat.

Danken Sie dem Geistwesen und bitten Sie es, sich wieder zu entfernen.

Danken Sie Ihrem Geistführer und bitten Sie ihn, sich aus Ihrem Raum zu entfernen.

Entspannen Sie sich und atmen Sie tief, bis Sie fühlen, dass Sie wieder bei völligem Bewusstsein sind, bereit, die Augen zu öffnen und sich auf die Gruppe zu konzentrieren.

Öffnen Sie die Augen und warten Sie ab, bis alle Gruppenteilnehmer wieder bereit sind.

Nun schildert jeder Teilnehmer im Kreis – angefangen bei dem Teilnehmer, der links von der ausgewählten Person sitzt –, was er empfangen hat und wie er es von der feinstofflichen Welt erhalten hat.

Jeder Teilnehmer gibt die Botschaft, die er empfangen hat, an die ausgewählte Person weiter.

Wenn alle Teilnehmer ihre Nachweise und Mitteilungen übermittelt haben, verrät der ausgewählte Klient, ob unter den empfangenen Einzelheiten tatsächliche Nachweise aus der feinstofflichen Welt waren und ob die Botschaften irgendeine Bedeutung für ihn haben.

***

Mehrere Dinge, die bei dieser Übung auftraten, erstaunten mich. Das Erste war, wie viele der Botschaften von mindestens zwei der vier als „Medium" arbeitenden Schüler empfangen worden waren. Das Zweite war, dass fünf der acht Gruppen, die eine bestätigte authentische Verbindung hergestellt hatten, alle unterschiedliche Fragen auf der Checkliste stellten und relevante Antworten erhielten, ohne sich vorher abzusprechen. Selbst die drei übrigen Kreise erhielten Nachweise, auch wenn diese etwas auseinandergerissen waren. Hellsehend im Zirkel zu arbeiten brachte hervorragende Ergebnisse.

Solche Übungen hatten wir auch Ende der 1990er Jahre in unserem privaten Zirkel in Schottland gemacht. Damals bekam unser Zirkel oft Verbindung zu einem Geistwesen, und alle sieben Mitglieder unserer Gruppe empfingen Teile von Nachweisen, die – zusammengesetzt – eine vollkommene Botschaft ergaben. Das hatte mein Schüler nicht gewusst, als er sich diese Übung ausdachte.

Die letzte Übung des Tages wurde in vier Gruppen von je zehn Teilnehmern durchgeführt; dabei erhielt jeder Schüler die Gelegenheit, aufzustehen und zu versuchen, einem anderen Gruppenmitglied eine Nachricht zu überbringen. Alle waren durch die Checkliste gut vorbereitet; hintereinander stand jeder von ihnen auf und versuchte sein Glück.

Steven und ich sahen ihnen dabei zu und machten uns Notizen darüber, wie gut oder schlecht jeder Schüler seine Sache machte. Allmählich konnten wir erkennen, welche Teilnehmer sich wahrscheinlich als Medium eigneten und welche eher zur Heilarbeit neigten.

Wie immer deutlicher wurde, gingen alle Schüler nun viel entspannter an die Übungen heran und viele von ihnen entwickelten ein ganz neues Selbstvertrauen. Lana, die junge Frau, die so verletzlich war und der oft die Tränen kamen, gehörte zu den Besten, wenn es darum ging, eine Botschaft zu überbringen. Statt zu weinen und aufgewühlt zu sein, wenn sie etwas übermitteln sollte, wirkte sie nun viel selbstsicher, direkter und klarer als zuvor. Sie wirkte weitaus stärker, und in ihren Worten schwang nun eine positive Festigkeit, die ganz neu war.

Mittlerweile kannten wir die Persönlichkeit, Schwächen und Stärken von jedem der vierzig Teilnehmer besser. Und auch wenn wir nie davon ausgegangen waren, dass alle weitermachen und am Ende des Kurses ihr inneres Medium weiterentwickeln wollten, war es ein schönes Gefühl, ihre persönliche Entwicklung und positivere Einstellung zu sehen.

Die Aura

Der zweite Tag des dritten Moduls war der Arbeit mit den einzelnen Schülern gewidmet. Nun erhielten sie die Gelegenheit, vor der restlichen Gruppe ihr mediales Können zu demonstrieren oder ein Reading zu geben. Doch davor hatten wir noch eine Übung für sie.

Manchmal lässt sich die Aura – oder das Energiefeld, das den menschlichen Körper umgibt – visuell erkennen. Die meisten Menschen, die sie sehen können – wie auch Steven und ich –, beschreiben sie ganz ähnlich: nur ein schwacher weißlicher Schimmer um den Kopf und die Schultern herum. Manche Leute sehen Farbblitze in der Aura, und gewisse Hellsehende haben verschiedene Methoden entwickelt, wie sie an der Aura erkennen können, ob es dem Betroffenen gutgeht oder ob er irgendein Leiden hat.

In unserem Kurs versuchten wir, so viele verschiedene Beispiele wie möglich für die Arbeitsmethoden von medial Begabten, Sensitiven und Hellsehenden zu bringen und die Mittel und

Wege zu erklären, die zur Stärkung unseres medialen Bewusstseins angewendet werden. Nicht jeder Schüler war in jeder Übung gut, doch indem ich allen die Chance gab, einige Dinge auszuprobieren, die meiner Erfahrung nach hilfreich waren, brachte ich eine Variante in ihre Entwicklung ein, die bei manchen von ihnen eine besondere Fähigkeit zutage bringen könnte.

Seit meiner Kindheit sehe ich Auren, doch diese Fähigkeit wurde erst dann nützlich für mich, als ich mit Ende zwanzig mit der medialen Arbeit anfing. Vor der Arbeit als Medium sah ich einfach nur, wie Menschen leuchteten. Das war alles. Ich ging sogar davon aus, dass jeder das Licht, das die Menschen einhüllte, sehen könnte. Wenn ich heutzutage als Medium in der Öffentlichkeit arbeite – vor allem, wenn die Zuschauermenge sehr groß ist –, passiert es häufig, dass die Aura des Empfängers meiner nächsten medialen Botschaft aus der aller anderen hervorsticht.

Außerdem ergänzt diese Übung die frühere Übung, bei der man die Aura fühlt und in den Händen spürt. Wenn man die Aura sogar sehen kann, kann man das, was man in der früheren Übung gespürt oder gefühlt hat, besser begreifen.

Übung 15: Die Aura sehen und fühlen

Ein Teilnehmer setzt sich mit dem Rücken zu einer weißen oder einfarbigen Wand, die als Hintergrund dient, auf einen Stuhl, so dass er der Gruppe gegenübersitzt.

Teilnehmer auf dem Stuhl: Gehen Sie in die Stille und bauen Sie Ihre Energie auf.

Rest der Gruppe: Bleiben Sie sitzen und achten Sie auf den Teilnehmer; richten Sie den Blick auf Kopf und Schultern.

Entspannen Sie die Augen, bis Ihr Blick beinahe unscharf wird.

Versuchen Sie nun, nicht zu starren. Halten Sie den Blick auf einen bestimmten Punkt gerichtet und entspannen Sie den Geist.

Atmen Sie mit offenen Augen tief ein und versetzen Sie sich in einen noch entspannteren geistigen Zustand.

Teilnehmer auf dem Stuhl: Bitten Sie Ihren Geistführer, zu Ihnen zu kommen, und heißen Sie ihn in Ihrem Raum willkommen.

Fühlen Sie die Gegenwart des Geistführers, während er Ihre Aura mit seiner eigenen Energie und seinem Licht erfüllt.

Zuschauende Teilnehmer: Bleiben Sie in entspanntem Zustand sitzen; Ihre Augen sind offen, aber entspannt und Ihr Blick ist leicht unscharf.

Nehmen Sie alles bewusst wahr, was Sie um den Teilnehmer, der vor Ihnen sitzt, herum sehen; merken Sie sich, was Sie sehen, und achten Sie gleichzeitig darauf, ob es sich in irgendeiner Weise auf Sie auswirkt. Machen Sie sich eine mentale Notiz, falls Sie etwas anderes sehen oder fühlen als vorher.

Teilnehmer auf dem Stuhl: Danken Sie Ihrem Geistführer und bitten Sie ihn, zurückzutreten und sich wieder aus Ihrem Raum zu entfernen.

Zuschauende Teilnehmer: Versuchen Sie, sich auf den Teilnehmer vor Ihnen einzustimmen, während er die nächsten Anweisungen erhält.

Teilnehmer auf dem Stuhl: Denken Sie, während Sie weiter entspannt bleiben, an eine Situation zurück, bei der Ihnen unwohl zumute war, oder an eine Zeit, in der Sie krank waren.

Erinnern Sie sich nun an eine Zeit, in der Sie sich auf dem Höhepunkt des Lebens befunden haben, und verharren Sie eine Weile in dieser Erinnerung.

Zuschauende Teilnehmer: Bleiben Sie auf den Teilnehmer vor Ihnen eingestimmt und achten Sie auf irgendwelche Veränderungen, Gefühle oder Sinneswahrnehmungen.

Alle Teilnehmer: Entspannen Sie sich und atmen Sie tief ein, um wieder konzentrierter und wach zu werden.

Teilnehmer auf dem Stuhl: Öffnen Sie die Augen, wenn Sie dazu bereit sind.

***

Es war erstaunlich, wie viele Schüler bei dieser Übung genau das Gleiche sahen. Viele von ihnen nahmen während der negativen Erinnerung ein beklemmendes Gefühl wahr und konnten sich sogar in die Teilnehmerin hineinfühlen, als sie an ihre

Krankheit zurückdachte; mehr als die Hälfte der Teilnehmer spürte die damit verbundenen Symptome korrekt. Die ganze Gruppe sah während der Übung irgendwann ihre Aura und fühlte, dass sie viel stärker und heller wurde, als der Geistführer gebeten wurde, sich hineinzubegeben.

Demonstrationen

Seit dem ersten Modul war ein halbes Jahr vergangen, und nach vielen späteren Übungen ermutigten wir die Schüler, vor der ganzen Klasse eine kurze Demonstration ihrer sensitiven und medialen Fähigkeiten zu geben. Ich weiß genau, wie sich das anfühlt, und auch Steven, der das erst vor kurzem vor echten Zuschauern in der Schweiz getan hatte, konnte verstehen, wie angespannt die Schüler bei der Demonstration wurden.

Nicht alle Teilnehmer wollten zu diesem Zeitpunkt ihre Fähigkeiten vorführen, und auch das war in Ordnung. Ich wollte viel lieber, dass die Schüler es von sich aus taten, statt dazu gezwungen zu werden. Ich habe schon erlebt, wie ein Medium jemanden dazu drängte, sich gegen seinen Willen vor einer Zuschauermenge zu präsentieren. Das kann sehr peinlich sein und den Betroffenen dazu bringen, es nie wieder zu tun.

Nein, das Vorführen in der Öffentlichkeit ist nicht für jedermann. Manche medial Begabte fühlen sich viel wohler, wenn sie unter vier Augen arbeiten können, und es ist ganz wichtig, dass ein Medium bei der Arbeit entspannt ist. Der Druck, eine Botschaft überbringen zu müssen, kann den gesamten Prozess hemmen.

Die Schüler, die sich dazu bereiterklärten, waren die Teilnehmer, die wir schon als geeignet für die Arbeit in der Öffentlichkeit hielten, und da sie keine Angst hatten und wussten, dass sie immer noch in einer Trainingsgruppe waren, gingen sie ganz locker an die Sache heran.

Bevor sie anfingen, betonte ich das, was ich allen Kursgruppen sage, wenn es um Demonstrationen geht: Erinnert euch daran, dass ihr eine Gabe habt und diese Gabe gleich mit anderen teilen werdet. Wer ein Medium aufsucht, hat meistens ein Bedürfnis oder leidet, weil er einen Angehörigen verloren hat und eure Gabe braucht, um zu heilen. Macht euch also bewusst, dass ihr offen werdet und so klar und ausdrucksstark wie nur möglich seid. Verschließt euch nicht, geht nicht nach innen und macht nicht die Augen zu. Die Menschen müssen sehen, dass das Medium Vertrauen in seine Fähigkeit hat. Dieses Vertrauen nimmt ihnen die Angst, noch bevor ihr anfangt.

Das Medium sollte nie das Gefühl haben, als müsste es eine Prüfung bestehen oder seine Gabe verteidigen. Stattdessen sollte es sich so geben, wie wenn es einem anderen ein Geschenk macht: Es sollte sich freuen, das tun zu können, weil sein Geschenk das Leben des Empfängers verändern kann.

„Seid euch dessen bewusst, was ihr tut, wenn ihr eure Fähigkeit vorführt“, sagte ich abschließend, „und sprecht unmittelbar aus dem Herzen. Nutzt die jahrelange Übung mit der feinstofflichen Welt und lasst andere sehen, wie viel es euch bedeutet, anderen mit Hilfe dieser ganz besonderen Gabe helfen zu können.“

Nach dieser anfeuernden Rede lieferten unsere Schüler uns eine großartige Vorstellung. Einer nach dem anderen standen sie auf, stellten sich vertrauensvoll vor und zeigten, was sie gelernt hatten. Manche wandten erfolgreich Mary Armours Checkliste an; andere arbeiteten lieber spontan und berichteten, was ihnen gerade in den Sinn kam. Doch alle Botschaften waren äußerst positiv und enthielten genügend Beweise, die den jeweiligen Empfänger davon überzeugten, dass sie tatsächlich mit ihren verstorbenen Angehörigen kommunizierten.

Ich erhielt über Bettina, eine der fortgeschrittenen Teilnehmerinnen, eine Nachricht von meinem Vater. Sie teilte mir Einzelheiten über ihn mit, die nur ich kannte, und übermittelte mir vieles, was zum damaligen Zeitpunkt im Leben meiner Mutter aktuell war. Am Ende der Botschaft war ich sicher, dass sie tatsächlich eine Verbindung zu meinem Vater aufgebaut hatte, der mir die gleiche Art von Ratschlägen mitgeben wollte, die er auch im Leben erteilt hatte.

Eine Teilnehmerin namens Gisela überbrachte einer anderen Schülerin eine Botschaft mit starken Beweisen; darunter war auch der Name des früheren Verlobten der Empfängerin, der einige Jahre zuvor bei einem tragischen Autounfall ums Leben gekommen war, sowie Tag und Jahr und Todesumstände, und sogar eine Beschreibung eines Tattoos, das er am Unterarm gehabt hatte. Ihre Partnerin weinte vor Freude, weil sie noch nie eine Nachricht von ihm erhalten hatte, obwohl sie schon mehrmals ein professionelles Medium aufgesucht hatte. Wie er ihr mitteilen ließ, war er glücklich, dass sie nun einen anderen Partner gefunden hatte. Das hatte ihr bisher Sorgen bereitet, und daher war sie nun besonders froh darüber, ihre Schuldgefühle ablegen zu können.

Es gab zu viele gute Botschaften, um sie alle zu erwähnen. Sie inspirierten jedoch die restliche Gruppe so sehr, dass viele sich erkundigten, ob sie in den weiteren Modulen wieder eine Gelegenheit dazu bekommen könnten. Sie merkten, wie viel Freude es ihnen bereitete, ihre Gabe mit anderen teilen zu können. Wieder einmal beendeten wir das Wochenende in Hochstimmung.

Steven und ich waren mit dem Ergebnis äußerst zufrieden. Wir sahen, was die vergangenen sechs Monate gebracht hatten und wie sehr sich die Schüler bemühten, sich weiterzuentwickeln. Es war auch schön zu hören, dass mittlerweile noch mehr von ihnen an kleinen medialen Zirkeln teilnahmen und sich angefreundet hatten.

Ich dachte an das erste Modul zurück. Damals hatte ich mich gefragt, ob die Gruppe sich jemals zusammenraufen würde. Jetzt schwoll der Geräuschpegel zwischen den einzelnen Übungen an, doch es war freundlicher Lärm, der die Module sogar noch unterstützte. Selbst unsere Dolmetscherin Monika erwähnte, wie sehr sich die Stimmung im Raum verändert hatte. Bei der medialen Entwicklung zusammenzusitzen ist zwar toll, aber wenn man spürt, wie sich starke Energie im Raum aufbaut, weiß man, dass man es richtig macht.

Die Schüler wollten so viel tun, wie sie nur konnten, und ich bin überzeugt, sie hätten die Übungen täglich praktiziert, wenn wir es ihnen aufgetragen hätten. Es war ihr Lerneifer, der den Raum mit positiver, vibrierender Energie füllte.

9
Trance

Vertraue mir, mein Freund, wenn ich dich bitte loszulassen, denn ich werde dich niemals fallenlassen.

Master Chi

Die Vorstellung, dass unsere deutschen Schüler Zirkel bildeten und wirklich Spaß an ihrer medialen Entwicklung hatten, machte mich glücklich. Ich bin überzeugt davon, dass der Zirkel, in dem wir meditieren, die Kraft und der Treibstoff für die Fähigkeiten ist, die wir auf dem spirituellen Weg entwickeln.

Als Sara unserem Zirkel beitrat, fingen wir an, immer donnerstags um neunzehn Uhr (britische Zeit) zusammenzusitzen. Es dauerte nicht lange, bis wir spirituelle Verbindung und Energie in der Gruppe spürten. Immer wenn wir in der Stille saßen, war die Atmosphäre im Raum beinahe greifbar. Jim und ich hatten den Eindruck, wir hätten etwas aus unserem früheren Zirkel in Schottland mitgebracht und in unserer neuen Gruppe wieder freigesetzt.

In den späteren Stadien unseres alten Zirkels bestand kein Zweifel mehr, dass er sich zur medialen Trancearbeit und einem größeren Bewusstsein der feinstofflichen Welt hin entwickelte. Die Teilnehmer beschrieben die Erfahrung oft als „halb in der feinstofflichen Welt sein“. Nur sehr selten empfing einer der Gruppe eine Botschaft. Es ging eher darum, unser Bewusstsein zu erweitern und dem Geistführer mehr Kontrolle über unseren inneren Raum zu geben, ihn unseren Körper und Geist nutzen zu lassen, damit wir mehr die geistige Welt und weniger uns selbst spüren konnten.

Ein Beispiel: Ich schickte den Gedanken hinaus, dass der Geistführer, der Christine unter Kontrolle hatte, sie auf die Füße stellen sollte. Eine Sekunde später stand Christines Körper auf. Dann dachte ich, sie sollte in meine Richtung gehen, und sofort tat sie es. Wir sagten kein Wort. Das zeigt die telepathische Ebene, die zwischen Christines Geistführer und mir bestand. Auch die anderen Teilnehmer im Kreis konnten dieselbe Tranceebene erreichen, und auch ihre Geistführer reagierten genauso, wenn man sie darum bat.

Diese Art der Telepathie wende ich häufig bei Geistführern von Menschen an, die sagen, sie könnten sich in Trance versetzen. Es zeigt mir, wie viel Kontrolle der Geistführer tatsächlich hat. Wenn das Geistwesen das Medium nutzen kann, fällt es ihm nicht schwer, auf meine stummen Fragen zu antworten. Genau das tat ich mit Saras Geistführer, bevor sie zu uns kam. Wie mir ihre Reaktion zeigte, war sie für unseren Zirkel bereit.

Nach meinem Gefühl würde der neue Zirkel sogar noch weiter gehen als der letzte, da wir schon am Anfang eine starke Energie aufgebaut hatten und wie im vorherigen Zirkel alle miteinander befreundet waren. Das ist wichtig. Wenn wir in einer medialen Gruppe zusammensitzen, müssen wir einander vertrauen können, um uns völlig zu öffnen und zuzulassen, dass die feinstoffliche Welt den von uns geschaffenen Raum nutzt. Wenn unter den Mitgliedern Misstrauen herrscht, hemmt das die mediale Arbeit. Dasselbe gilt, wenn einer der Teilnehmer Angst davor hat, loszulassen und zuzulassen, dass die feinstoffliche Welt einen noch größeren Teil seines Geistes beherrscht.

Wenn ein Medium sich auf diese Weise der feinstofflichen Welt ausliefern kann, beweist das sein Vertrauen. Wenn wir ein solches Vertrauen haben, spüren wir die Geistwesen, die zu uns kommen, so deutlich, dass wir das Gefühl haben, als wären sie so real wie die Menschen in unserer Umwelt. Es verändert das Gefühl der Realität. Eine Botschaft von einem Medium vor Zuschauern oder unter vier Augen zu erhalten ist das Eine, doch wenn man die Präsenz eines Geistwesens tatsächlich fühlt und sofort spürt, wer und wie es ist, dann geht das über *Glauben* hinaus und wird zu *Wissen*.

Es wurde mir immer wichtiger, allen, die an einem Workshop oder Seminar teilnahmen, zu sagen, dass sie möglichst einem Zirkel beitreten sollten. Viele medial Begabte bieten heutzutage Kurse an, die nur aus der Art mentaler Übungen bestehen, die wir im dritten Modul durchgeführt hatten. Hierzulande gibt es zwar viele Zirkel, die sich dieser Art von medialer Arbeit verschrieben haben, aber ich weiß, dass alle Gruppenmitglieder profitieren und spirituell wachsen werden, wenn sie aus solchen Zirkeln weitaus tiefsinnigere Trancezirkel machen.

Ich will nicht, dass medial Begabte nur Botschaften durch einen Gedankenprozess erhalten, sondern dass sie die Gegenwart des Geistwesens, das kommunizieren möchte, wirklich fühlen. Und meine Klienten sollen auch nicht nur glauben, dass es eine feinstoffliche Welt gibt – sie sollen es, so wie ich, wissen.

Immer wenn ich als Medium arbeite – selbst vor Publikum –, öffne ich mich so, wie ich mich im medialen Zirkel öffne. Ich habe gelernt, loszulassen und die feinstoffliche Welt durch mich arbeiten zu lassen. Die Worte, die aus meinem Mund kommen, werden nicht in meinem Kopf formuliert, sondern von meinem Geistführer und den Verstorbenen, die aus dem Jenseits kommunizieren wollen, durch mich weitergegeben. Selbst wenn ich nur eine Rede vor Zuhörern halten muss, mache ich mir vorher nie Notizen und denke auch nicht darüber nach; ich lasse mich einfach inspirieren und lasse meinen Geistführer oder Geistheiler meine Fähigkeiten nutzen. Auf diese Weise ist es mehr von der feinstofflichen Welt und weniger von mir; es ist viel reiner und authentischer.

Mehrere hervorragende Lehrmeister haben mir das beigebracht – Mrs. Primrose, Albert Best und das unglaubliche Trancemedium Laura, um nur ein paar zu nennen. Und während ich dieses Buch schreibe, konzentriert sich alles, was sie mich gelehrt haben, und alles, was ich in meinen eigenen Zirkeln aufgebaut habe, auf das Hier und Jetzt. Bei den Lehren, die ich erhalte, geht es eher darum, die Verbindung der Menschen zur feinstofflichen Welt zu stärken. Aus diesem Grund bemühen wir uns darum, diese Lehren so vielen Leuten wie nur möglich nahezubringen.

Bevor wir nach Frankfurt reisten, um mit dem vierten Modul zu beginnen, wurden wir wieder nach Basel eingeladen, um dort die Module in einer Gruppe zu unterrichten. Den Teilnehmern hatten ein paar unserer deutschen Schüler erzählt, wie viel Spaß ihnen der Kurs machte und wie viel sie dabei lernten. Und als wir mit dem ersten Modul in Basel fertig waren, fragte man uns, ob wir dasselbe auch in Genf unterrichten könnten. Das zeigte mir, dass alles so lief, wie es sollte, und dass unser eigener medialer Zirkel auf der richtigen Spur war.

Das vierte Modul

Unser viertes Modul basierte auf der Arbeit als Trancemedium und den tiefergehenden Ebenen des medialen Zirkels. Alles, was wir schon gelehrt hatten, wurde einfach noch auf eine tiefere Bewusstseinsebene gebracht. Die Verbindung der Schüler zu ihren Geistführern sollte nun so hergestellt werden, dass sie noch mehr loslassen konnten, und bei der Heilarbeit sollte ihr Geistheiler noch mehr Kontrolle übernehmen. Auch sollten alle Schüler zeigen, dass sie gelernt hatten zu vertrauen, indem sie inspiriert von ihren Geistführern, spontan vor ihrer Gruppe sprechen sollten.

Ich ließ Steven einen Vortrag über das Loslassen halten, weil er das jetzt schon besser im Zirkel konnte und ich wusste, dass er es mittlerweile den Schülern vermitteln konnte, da sich seine Einstellung zur medialen Entwicklung geändert hatte und er seinem Geistführer und Geistheiler nun mehr vertraute. Außerdem hatte er die Zweifel, die viele von ihnen noch plagten, hinter sich gelassen:

> *Als ich endlich gelernt hatte, genügend loszulassen, so dass mein Geistführer meinen Geist und Körper besser nutzen konnte, war das eine unglaubliche Erfahrung – so abgefahren, dass man es kaum beschreiben kann! Es war, als würde ich einen leeren Raum betreten, in dem ich mich vollkommen sicher fühlte, wo mir nichts passieren konnte und ich keine Probleme hatte; man könnte es eine Art Nichts nennen, in dem man nichts erwartet und auch nichts leisten muss.*

Während dieser Erfahrung stand ich neben mir; gleichzeitig war ich bei vollem Bewusstsein. Ich sah einen Hund neben mir sitzen. Es war ein echter Hund – es war Gordons Hund Charlie. Ich hatte ihn zwar nie kennengelernt, wusste aber, dass er gestorben war. Ich fühlte mich mit allem verbunden, blieb aber ziemlich gelassen, obwohl sogar ein Hund aus der feinstofflichen Welt neben mir saß.

Dann fühlte es sich so an, als würde ich in einem fremden Körper stecken, und nur ein Teil meines Geists war noch anwesend. Ich konnte nicht nur den fremden Körper spüren, sondern auch eine fremde Identität. Ich spürte, dass es eine Frau war. Im selben Augenblick hörte ich ihre Stimme, während ich mich zu dem Hund herunterbeugte. Mein Mund hätte sich fast geöffnet, als ich hörte, wie jemand „Hallo" zu Charlie sagte. Das brachte mich wieder zurück. Ich machte die Augen auf und war wieder in meinem eigenen Körper und im Raum.

Das Erlebnis fühlte sich so real an, dass es einen Moment dauerte, bis ich wusste, was real war, wo ich gewesen war und wo ich mich jetzt befand.

Seitdem habe ich gelernt, einfach mehr zuzulassen. Mittlerweile fühlen sich mein Geistführer oder Geistheiler so wirklich an, dass ich spüren kann, welche Kleidung er anhat. Manchmal ist es fast so, als würde ich sie tragen. Mitunter ist es so real, dass es albern wäre zu sagen, ich würde es nur glauben. Es ist eher so, als würde Neil Armstrong sich vorstellen, wie es ist, auf dem Mond spazieren zu gehen, und es dann wirklich tut. Man muss es selbst erleben, um es verstehen zu können.

Das zeigte den Schülern, dass wir sie auf eine andere Ebene heben würden. Sie hatten Steven als meinen nervösen, schüchternen Schüler kennengelernt, und sie konnten seine Fortschritte deutlich erkennen. Wie ich fühlte, wollte jeder von ihnen es ihm gleichtun, über ihre Grenzen hinausgehen und ihren Geistführern noch mehr Vertrauen schenken.

Noch mehr in die Tiefe gehen

Unsere erste Übung wurde im Kreis durchgeführt. Es bildeten sich vier Zehnergruppen, während Steven sich darauf vorbereitete, sie anzuleiten. Ich hatte schon fast ein Jahr lang mit ihm daran gearbeitet, wie man sich tiefer in einen Trancezustand versetzt, und es hatte ihm wirklich geholfen. Deswegen wollte er selbst die Schüler dazu anleiten.

Sich in einen Trancezustand zu versetzen ist ähnlich, wie in der Stille zu meditieren. Der Zustand hält jedoch länger an und man konzentriert sich weniger auf die physische Welt, sondern verbindet sich mit seinem wahren höheren Selbst. Wenn wir zu unserem instinktiven Selbst werden, alle Zweifel ablegen und nur noch sind, ist die Verbindung der feinstofflichen Welt zu uns klarer. Dann teilen wir ein und dieselbe Wirklichkeit.

Übung 16: In die Tiefe gehen

Sitzen Sie für einen Moment im Kreis und halten Sie sich an den Händen, damit die Energie durch alle Teilnehmer fließen kann.

Seien Sie sich bewusst, dass Sie Teil eines Zirkels sind, einer medialen Einheit, die gleich einen Sakralraum öffnen wird, in den die feinstoffliche Welt eindringen kann.

Fühlen Sie die Schwingung der Energie, wie sie sich harmonisch unter allen Beteiligten ausbreitet.

Entspannen Sie Körper und Geist mit den Atemübungen, bis Sie nur noch den bewussten Teil Ihres Geistes, der mit den Anweisungen des Gruppenleiters verbunden ist, wahrnehmen. Nutzen Sie diesen Teil, um Ihren Körper zur Ruhe zu bringen.

Ihr Körper ist, wie von Ihnen befohlen, ganz ruhig. Weisen Sie Ihren Geist an, still zu sein und alle Gedanken wegzuschieben. Lassen Sie alle Gedanken, die Ihnen in den Kopf kommen, an sich vorbeiziehen. Es ist nicht nötig, sie festzuhalten. Die Gedanken fließen in Richtung der physischen Welt, während Sie sich in die entgegengesetzte Richtung bewegen.

Ihr denkender Geist befindet sich in Ihrem Gehirn oben im Kopf. Jetzt begeben Sie sich in Ihre innere Welt in der Mitte Ihres Wesens, die Ihr Herz umgibt.

Lassen Sie das Bewusstsein durch Ihr Sein fließen, so als würden Sie eine Treppe hinuntergehen.

Steigen Sie langsam und bewusst eine Stufe nach der anderen hinab. Achten Sie auf jeden Schritt, während Sie tiefer in Ihr Sein hinabsteigen.

Der Körper ist nun im Ruhestand. Konzentrieren Sie sich auf die unterschwellige Kraft, die ihn kontrolliert und lenkt. Führen Sie diesen Teil von sich in die Herzgegend, die jetzt langsam und stetig vibriert und pulsiert.

Dies ist die nächste Schwingung des Selbst; sie ist leichter und flüssiger. Werden Sie sich der Flüssigkeit bewusst, die den Körper lebendig macht, und fühlen Sie einen Moment lang die Bewegung des Herzens, während es schlägt und den flüssigen Teil Ihres Seins in stetigem Rhythmus weiterschiebt.

Begeben Sie sich in Ihre Mitte direkt unter dem Herzen, wo der nächste Rhythmus des Selbst die Luft ist – eine noch feinere Substanz als die Flüssigkeit; sie strömt ganz langsam und harmonisch in Sie hinein und wieder hinaus.

Fühlen Sie sich eins mit den Gasen, die Teil von Ihnen sind.

Seien Sie hier mit sich eins, während Sie sich in Harmonie mit diesem Aspekt des Selbst bringen.

Das zarte Licht der Energie, die den Körper umgibt, strömt aus diesem Teil von Ihnen. Nehmen Sie bewusst wahr, wie leicht Sie sich im Hier und Jetzt fühlen.

Das ist Ihr Lichtkörper, der sich mit der feinstofflichen Welt verbinden kann.

Senden Sie die Absicht aus, sich mit Ihrem Geistführer auf dieser spirituellen Ebene zu verbinden, und empfangen Sie ihn in diesem heiligsten Teil Ihres Bewusstseins.

Bitten Sie um nichts. Sitzen Sie nur still da und lassen Sie zu, dass sich Ihr Geistführer mit Ihnen verbindet. Sie haben nun eine Situation geschaffen, die es ihm ermöglicht, ein Teil von Ihnen zu sein und Sie zu einem Teil von ihm zu machen.

Erlauben Sie sich, in dem Maße, in dem Ihr Bewusstsein es zulässt, in diesem Moment zu verharren.

Irgendwann werden Sie spüren, dass Ihr Geistführer sich wieder von Ihnen entfernt und Sie an diesem stillen Ort zurücklässt. Lassen Sie es zu. Denken Sie an nichts außer an die Stille.

Steigen Sie nun langsam und bewusst Stufe für Stufe wieder die innere Treppe hinauf.

Nehmen Sie Ihren Atem, Ihren langsamen Herzschlag und den Körper, der auf dem Stuhl ruht, bewusst wahr.

Atmen Sie tiefer ein und aus und richten Sie das Bewusstsein auf Ihren Körper. Lassen Sie ihn sich wieder mit Ihrem Geist verbinden, während Sie den Raum wieder klarer wahrnehmen.

Mit jedem Atemzug, der nun tief in Ihre Lunge dringt, bereiten Sie sich darauf vor, die Augen wieder zu öffnen.

Öffnen Sie jetzt die Augen und warten Sie, bis auch alle anderen Gruppenmitglieder wieder im Hier und Jetzt sind.

Nun schildert jedes Gruppenmitglied, was es erlebt hat, während sich der Gruppenführer Notizen macht.

***

Diese Übung dauerte eine Stunde, und alle Schüler schafften es, sie durchzuhalten. Sie konnten noch nicht mal glauben, dass sie eine ganze Stunde lang dagesessen hatten! Steven und ich sind daran gewöhnt, dass die Zeit in unserem medialen Zirkel schnell vergeht. Es fühlt sich surreal an: Man hat gerade die Augen zugemacht und öffnet sie schon wieder – und hat das Gefühl, dass nur einige Minuten oder gar Sekunden vergangen sind, während es in Wirklichkeit eine Stunde später ist.

Die Tatsache, dass die Schüler das auch so erlebt hatten, war für uns ein ermutigendes Anzeichen, da der veränderte Bewusstseinszustand zu den seltsamsten Erfahrungen gehört, die man machen kann. Die Übung hatte die Teilnehmer zu den ersten Anfängen eines Trancezustands gebracht, und alle hatten ihn gleichzeitig erlebt. Von meinem Platz aus bekam ich es deutlich mit. Obwohl ich die ganze Zeit über bei vollem Bewusstsein war, fühlte ich dennoch wie die Schüler die Zeitlosigkeit.

Der allgemeine Konsens aller Zirkel war, dass jeder die Dichte ihrer jeweiligen Gruppe gefühlt hatte. Manche empfanden sie als unangenehm, schafften es jedoch, sich auf Steven zu konzentrieren und sich noch weiter fallenzulassen, als er sie auf die tieferen Ebenen des Geistes lenkte. Andere berichteten, eine weitaus physischere Realität als je zuvor gefühlt zu haben, als ihr Geistführer sich mit ihnen verbunden hatte.

Manche Teilnehmer verblüffte es, dass sie sogar die Kleider und Eigenschaften ihres Geistführers, von denen sie bisher nichts gewusst hatten, fühlen konnten. Andere sahen Bilder oder hatten das Gefühl, an einem Ort zu sein, an dem der Geistführer in der realen Welt gelebt hatte – beinahe so, als hätten sie die Erinnerungen des anwesenden Geistwesens gesehen.

Die Übung wühlte alle auf, und alle wollten mehr davon. Ich erklärte ihnen, dass sie jahrelang üben müssten, um die Verbindung zu ihrem Geistführer wirklich zu verstehen, dass sie jedoch schon so weit gekommen waren, weil sie so engagiert mitmachten und auch weil sie zwischen den Modulen so viel in ihren medialen Zirkeln geübt hatten. Mittlerweile hatten sie wohl verstanden, dass eine erfolgreiche Übung noch kein Medium macht, aber sie motivierte sie stark.

Eine tiefere Verbindung

Ihre erste tiefere Verbindung zur feinstofflichen Welt lässt alles, was Sie bisher erreicht haben, im Vergleich verblassen. Ich weiß noch, wie oft ich in meinem ersten Zirkel gedacht habe, ich hätte etwas Unglaubliches erlebt, und dann geschah etwas anderes, was mich völlig überwältigte.

Das erste Mal, als ich eine tiefere Verbindung zu Chi herstellte, spürte Mrs. Primrose, dass mein Geistführer eine noch tiefere Verbindung zu mir wünschte. Sie kam leise zu mir, stellte sich vor mich hin und führte mich wortlos. Da mein Geist woanders war, spürte ich den Raum nicht, aber plötzlich merkte ich, dass mein Körper sich erhob. Nur steckte ich nicht darin. Das Gefühl in diesem Augenblick war unbeschreiblich. Ich war zwar irgendwo dabei, aber ich wusste nicht wirklich, wo ich war. Ich meine, mir war zwar bewusst, dass sich mein Körper und meine Hände bewegten, aber es war nicht ich, der das tat. Ich konnte fremdartige, mir unbekannte Orte sehen. Es war, als wäre ich in der Vergangenheit in einem anderen Land. Ich sah eine Frau vor mir stehen, doch es war nicht Mrs. Primrose, sondern eine Nonne, die eine schwere altmodische Kutte oder eine Art Gewand trug. Ich roch sogar den Tabakrauch, der an der Kutte haftete. Wie Mrs. Primrose mir später sagte, war das eine ihrer Geistführerinnen. Als ich ihr berichtete, wie real sich alles angefühlt hatte, lächelte sie nur.

Damals konnte ich es zwar kaum verstehen, doch je weiter ich mich entwickelte, desto mehr gewöhnte ich mich an solche Erlebnisse. Ich gewöhnte mich auch an das Gefühl, meinen Körper verlassen zu haben und dass ein anderer ihn lenkte. Gelinde gesagt ist es ein Wahnsinnsgefühl, und deswegen braucht es auch so viel Zeit und Vertrauen, bis man dafür bereit ist. Aus diesem Grund wende ich ein Training an, bei dem man nur langsame Fortschritte macht, denn wie ich weiß, brauchen wir Zeit, um uns an eine andere Realität zu gewöhnen. Wir sind einfach nicht darauf programmiert, so etwas auf die Schnelle zu verarbeiten.

Der Grund, weshalb die feinstoffliche Welt mehr von unserem Körper und Geist braucht, ist, weil sie unseren Körper dazu nutzt, die Informationen der Geistwesen direkt an die Menschen zu senden. Geistwesen können durch ein Medium, das sich in einem erhöhten Bewusstseinszustand befindet, Informationen übermitteln, wie sie beispielsweise Botschaften in öffentlichen Vorführungen überbringen, doch selbst dann kann der Geist des Mediums den Vorgang stören und Zweifel streuen. Im Trancezustand channelt das Medium weitaus klarer, weil der anzweifelnde Teil des Geists stärker ausgeschaltet ist.

Bevor wir an den Punkt kommen, an dem wir für das direkte Channeling von Informationen aus der feinstofflichen Welt benutzt werden können, muss die feinstoffliche Welt sich unserem Körper und Geist anpassen. Das war bei der erwähnten Telepathie in unserem ersten privaten Zirkel der Fall. Häufig spürten Teilnehmer, dass ihre Geistführer ihre Hände bewegten, ohne zu wissen warum. Sie vertrauten einfach darauf, dass sie es zulassen mussten. Bei diesem Geschehen bat ich ihre Geistführer darum, indem ich ihnen den Gedanken schickte.

Das tat auch Mrs. Primrose, auch wenn sie es mir nie gesagt hat. Eines Tages wurde mir plötzlich klar, dass ich nun in derselben Position wie sie damals war. Sie wandte diese Übung im offenen Zirkel an, und so fand sie heraus, welche Schüler wirklich mit ihren Geistführern verbunden waren. Die Übung zeigte ihr auch, wer schon bereit war, den Geistführer mehr durchkommen und channeln zu lassen, wenn die Situation es zuließ.

In unserem Modul versetzte ich mich in den Trancezustand. Dann ließ ich Steven meinen Geistführer telepathisch anweisen, meinen Körper zu bewegen. Er bat den Geistführer, mich an eine Stelle im Raum zu versetzen, auf die er zeigte, und dann ging ich zu der Stelle. Er sagte nichts, und da ich die Augen geschlossen hatte, konnte ich nicht sehen, wohin er zeigte. Ich hatte also keine Ahnung, welche Anweisung er dem Geistführer gab.

Dann bat er ein paar der Schüler, ihm eine Anweisung zuzuflüstern, die er in Form von Gedanken an meinen Geistführer weitergab, der demgemäß reagierte.

Mitunter trauten die Schüler ihren Augen nicht, zum Beispiel als die Anweisung kam, mich rückwärts laufen zu lassen oder mich in enge Winkel gehen oder aus ihnen herausgehen zu lassen, ohne einen einzigen Gegenstand zu berühren. Das war eine interessante Übung, da der Fußboden mit den Taschen und Wasserflaschen der Teilnehmer vollgestellt war. Dabei wurde ihnen klar, dass die feinstoffliche Welt ein Medium in Trance verwenden kann, um in unsere Welt hineinzusehen.

Unsere nächste Übung basierte auf dem, was ich gerade mit Steven und meinem Geistführer demonstriert hatte. Wir teilten die Gruppe in zwei Zirkel auf – einen inneren und einen äußeren Kreis –, wobei sich jeweils zwei Schüler gegenübersaßen. Die Schüler im äußeren Kreis sollten versuchen, sich mit ihren Geistführern zu verbinden, während die Teilnehmer im inneren Kreis versuchen sollten, per Telepathie eine Verbindung zu diesem Geistführer herzustellen.

Übung 17: Telepathische Kommunikation und Trance

Teilnehmer im äußeren Kreis: Bereiten Sie den Geist darauf vor, sich wie gehabt in die Stille zu begeben.

Versetzen Sie sich in einen Zustand der Entspannung. Entspannen Sie sich körperlich und bringen Sie Ihren Geist zur Ruhe.

Nehmen Sie sich die Zeit, sich darauf vorzubereiten, sich in Ihr inneres Selbst, in das Herz Ihres Seins zu begeben, in dem Sie auf einer leichteren, feineren Ebene existieren.

Gegenübersitzende Teilnehmer: Lassen Sie die Augen offen, aber entspannen Sie den Geist und versuchen Sie, sich auf Ihren Partner einzustimmen und ihm in diesem Prozess zu folgen.

Fühlen Sie, was er fühlt.

Verbinden Sie sich.

Teilnehmer im äußeren Kreis: Bitten Sie Ihren Geistführer, zu Ihnen in die Stille zu kommen, wenn Sie bereit sind.

Sitzen Sie mit ihm in der Stille.

Gegenübersitzende Teilnehmer: Wenn Sie die Verbindung zu Ihrem Partner aufgenommen haben, dann werden Sie jetzt dessen Kontakt zu seinem Geistführer spüren, wenn der Geistführer die Verbindung zu seinem Medium hergestellt hat.

Richten Sie jetzt Ihre Gedanken an den Geistführer und fordern Sie ihn auf, durch den Körpers seines Mediums eine kleine Bewegung zu machen – mit dem Kopf nicken, einen Finger bewegen usw.

Gelingt das, können Sie ihn um eine weitere kleine Geste bitten und anfangen, mit Hilfe dieses Systems zu kommunizieren.

Stellen Sie dem Geistführer eine Ja-oder-Nein-Frage, wenn Sie sicher sind, dass er auf Ihre Telepathie reagiert, und bitten Sie ihn, nur zu reagieren, wenn die Antwort auf Ihre Frage „Ja" lautet, und nicht zu reagieren, wenn sie „Nein" lautet – überflüssig.

Danken Sie dem Geistführer in Gedanken, wenn Sie eine Antwort erhalten.

Wenn Sie spüren, dass der richtige Zeitpunkt gekommen ist, dann wenden Sie denselben telepathischen Vorgang an, um den Geistführer zu bitten, sich zu entfernen und das Medium wieder ins Hier und Jetzt zurückkehren zu lassen.

Wenn Ihr Partner wieder vollkommen im Hier und Jetzt ist, können Sie Informationen über das, was sich während der Session zugetragen hat, austauschen.

***

Nachdem die Schüler sich ausgetauscht hatten, ließen wir sie den Platz wechseln, so dass die anderen Teilnehmer dieselbe Übung durchführen konnten.

Die Übung lief ziemlich gut. Manche Teilnehmer glaubten, gute Reaktionen vom Geistführer ihres Partners erhalten zu haben. Andere hatten zwar das Gefühl, dass der Geistführer ihres Partners da gewesen war, waren jedoch aus Angst, etwas falsch zu machen, mit den Bewegungen zurückhaltend gewesen. Gut war, dass sie sicher waren, eine Impression vom Geistführer bekommen zu haben, und ihnen bewusst war, dass sie die Bewegungen aus Angst blockiert hatten.

Die Übung warf viele Fragen auf. Den Schülern war klar, dass sie noch ein gutes Stück weiterkommen mussten, bevor es ihnen gelingen würde, sich zurückzunehmen und ihren Geist noch mehr ihrem Geistführer zu überlassen. Ich erinnerte sie erneut daran, dass es dauern würde, bis sie einem unsichtbaren Lehrer vertrauen konnten. Das Gute an der Gruppe war, dass sie nie verzweifelten, weil sie wussten, dass sie die Übungen immer wiederholen konnten, und sich immer bewusst waren, dass sie immer noch am Anfang ihrer medialen Entwicklung standen.

Wenn wir die Impressionen der feinstofflichen Welt übersehen, sind wir noch nicht offen für die mediale Entwicklung, aber wenn wir sie verstanden und nur Angst haben, dementsprechend zu handeln, dann sind wir bereit, uns weiterzuentwickeln. In den ersten ein oder zwei Jahren meiner Entwicklung erhielt ich viele Eindrücke von meinem Geistführer, die ich nicht weiter verfolgte. Sogar als Medium kamen mir Informationen aus dem Nichts, von denen ich wusste, dass sie richtig waren, aber ich leitete sie nicht an die Empfänger weiter. Immer wenn das geschah, sprach der Empfänger der Botschaft mich hinterher darauf an und erwähnte, worauf er eigentlich gewartet hatte. So merkte ich, dass mein Geistführer mich auf diese Weise lehren wollte.

Unsere Geistführer sind sehr geduldig, und auch wir müssen lernen, auf unserer spirituellen Reise Geduld zu entwickeln. Es geht nicht nur darum, etwas zu lernen oder die Philosophie zu verstehen, sondern um die Erfahrung und den Mut, seinem Herzen zu folgen und seine Hemmungen loszulassen. Es ist nun einmal nicht leicht, aus einem Stück Hartholz etwas zu schnitzen.

Tranceheilung

Bei der nächsten Unterrichtseinheit ging es um Heilung durch Trance. Wie ich erneut betonen muss, erwarten wir bei einem Lehrthema nicht, dass jeder in der Gruppe sich darin weiterentwickeln wird. Mehrere Schüler in Frankfurt hatten jedoch das Potenzial dazu, und den anderen würde es auch nicht schaden, wenn sie versuchten, die Verbindung zu ihrem Geistheiler herzustellen und in einer Heilsession zu channeln.

Es gibt viele Heiler, deren Geistheiler bekannter ist als sie selbst, weil seine Persönlichkeit beim Heilen eines Patienten völlig durchkommt. Mein alter Freund Albert Best gehörte nicht dazu, da er als Medium selbst berühmt war, doch der chinesische Arzt Dr. Wong, der bei der Heilarbeit durch ihn wirkte, hatte eindeutig eine eigene Persönlichkeit. Während er mit Albert arbeitete, zählten sie 23 000 Heilerfolge an Patienten in einer schottischen Klinik – und wer weiß, wie vielen anderen Patienten sie anderswo noch halfen?

Wie jede Form der Trancearbeit kann Tranceheilung nur dann wirklich funktionieren, wenn das Medium oder der Heiler bereit ist, seinen Geist genügend abzuschalten, damit der Geistheiler die Kontrolle übernehmen kann und genügend Energie hat, mit der er arbeiten kann.

Um die Heilarbeit zu demonstrieren, wählten wir die Schüler aus, die dies unserer Meinung nach am ehesten schaffen würden. Eine junge Frau namens Petra konnte recht gut loslassen, und Steven und ich hatten den Eindruck, dass sie mit etwas Unterstützung durch uns noch einen Schritt weitergehen könnte. Ich wollte meinen Geistführer bitten, mich während der Übung zu überschatten und das Experiment buchstäblich durchzuführen, indem er Petras Geistheiler anleitete und sie außerdem in eine Energie einhüllte, die sie stärker als je zuvor mit ihrem Geistheiler verbinden würde.

Am Anfang meiner eigenen medialen Entwicklung ließ Laura, meine gute Freundin und Lehrmeisterin, deren Trancearbeit schon sehr weit entwickelt war, mich neben ihr im Zirkel Platz nehmen. Anschließend unterstützte ihr Geistheiler meinen Geistheiler. Dasselbe hatte ich in den letzten vier Jahren auch mit Steven gemacht, und deshalb war er zu der geschilderten Erfahrung fähig, die er machte, als er seinem Geistführer zum ersten Mal auf einer tieferen Ebene begegnete.

Petra wurde angewiesen, sich in den Trancezustand zu versetzen und nichts zu tun, außer sich mit ihrem Geistheiler zu verbinden. Sie durfte unter keinen Umständen über das, wozu sie aufgefordert wurde, nachdenken. Die Bedeutung des

Experiments hing davon ab, inwieweit sie ihrem Geistheiler die Kontrolle über ihren Körper und Geist überlassen konnte.

Steven wählte eine Teilnehmerin aus, indem er auf die Person zeigte, die nach seinem Gefühl die Klientin von Petras Geistheiler sein sollte. Ich fragte meinen Geistheiler, ob er dazukommen, sich einklinken und die Sache leiten würde.

Die von Steven ausgesuchte Frau saß Petra links gegenüber. Ich spürte, dass mein Geistheiler sich schon mit Petras Geistheiler verbunden hatte. Eine Sekunde später stand Petra auf und folgte den telepathischen Anweisungen meines Geistheilers, indem sie auf die ausgewählte Klientin zuging.

Ihr Körper wurde zur Seite der Klientin geführt, und nachdem Chi ihr einen Gedanken geschickt hatte, legte sie die rechte Hand auf den Rücken der Frau, während ihre linke Hals und Schultern berührte. Die übrigen Teilnehmer staunten über die stillen Anweisungen der unsichtbaren Geistheiler.

Steven, der auf der anderen Seite des Raums stand, beugte den Kopf in Petras Richtung. Damit deutete er an, dass die Heilarbeit vollendet war. Sie wandte sich ihm leicht zu und beugte den Kopf, während sie von der Klientin zurücktrat. Wieder staunten die anderen.

Ich hob die Hand und spürte eine unsichtbare Verbindung zwischen Petra und mir und unseren beiden Geistführern. Um der Gruppe noch einmal zu zeigen, dass sie wirklich von dem gelenkt wurde, wies ich sie mit einer Handbewegung an, in die entgegengesetzte Richtung zu ihrem Platz zurückzukehren.

Jedem würde es schwerfallen, mit geschlossenen Augen in einem großen Zimmer mit vierzig Teilnehmern, die im Kreis sitzen, seinen Platz zu finden, doch Petra ging beschwingt zu ihrem Stuhl zurück, stellte sich davor und setzte sich dann hin.

Als wir sie wieder ins Hier und Jetzt holten, war sie für einen Augenblick sprachlos und rang um Worte, um ihre Gefühle zu beschreiben. Wie sie sagte, seien ihr manchmal Gedanken in den Sinn gekommen, aber eine stärkere Macht habe ihren Körper „weggezogen". Sie hatte sich darauf konzentriert, woraufhin ihre Zweifel und Gedanken wieder verschwanden. Sie hatte zwar gewusst, dass sie durch den Raum ging, war sich jedoch gleichzeitig anderer Geistwesen bewusst gewesen, die mit ihr verbunden waren. Tatsächlich hatte sie Steven und die Geistführer bewusster wahrgenommen als die Leute im Raum.

Petra beschrieb der Gruppe auch, wie sicher sie sich dabei gefühlt hatte. Nach ihren Worten war es, als wäre sie in eine warme, dicke Decke eingehüllt. Sie hatte noch nie einen so starken Trancezustand erlebt und konnte es kaum erwarten, das Experiment zu wiederholen.

Die Patientin berichtete, während der Heilung starke Hitze gespürt zu haben, die aus Petras Händen strömte. Sie hatte jahrelang unter Rücken- und Kopfschmerzen gelitten und erlebte nun eine unglaubliche Linderung der Schmerzen.

Nun wollten wir herausfinden, ob auch andere Schüler genauso wie Petra loslassen konnten. Dazu teilten wir die Gruppe in zwei Kreise auf und schafften eine Lücke, so dass der Heiler im Trancezustand den Geistheiler bitten musste, ihn zu seinem

Klienten zu führen. Es war zwar nicht der verschlungene Weg, den Petras Geistheiler hatte zurücklegen müssen, erforderte jedoch auch ein gewisses Vertrauen.

Die Schüler im inneren Kreis saßen mit dem Rücken zu ihrem jeweiligen Partner, der versuchen sollte, sich von seinem Geistheiler in Trance führen zu lassen. Steven sollte sie in die Stille bringen und sie durch die Verbindung hindurchführen, während ich das Experiment überwachen und denjenigen helfen wollte, die nach meinem Gefühl eine Verbindung aufgebaut hatten. Auch wenn ich dies den Teilnehmern nicht sagte, hoffte ich, dass einige von ihnen es von alleine spüren würden. Das tue ich auch in meinem eigenen medialen Zirkel, denn es zeigt mir, wer wahrnimmt und wer nicht.

Bei dieser Übung sprach Steven nur die Teilnehmer an, die sich in den Trancezustand versetzen wollten:

Übung 18: Heilarbeit in Trance

Sitzen Sie ruhig da und entspannen Sie Körper und Geist.

Achten Sie nur auf Ihren Atem und auf sonst nichts.

Begeben Sie sich in die Stille Ihres Geists und nehmen Sie wahr, wie sich Ihr Körper dabei entspannt.

Klären Sie den Geist und spüren Sie, wie sich die Kraft in Ihrem Sakralraum aufbaut.

Gleiten Sie hinunter in die Mitte Ihres Seins und fühlen Sie die Ruhe, während Sie sich auf diesen höheren Zustand des Geistes hinbewegen.

In diesem höheren geistigen Zustand sind Sie mit sich eins und Ihr Geist ist klar.

Bleiben Sie in dieser Klarheit einen Augenblick, um einfach nur zu sein.

Bitten Sie darum, dass Ihr Geistheiler zu Ihnen kommt, und empfangen Sie ihn in Ihrem Sakralraum.

Fühlen Sie, wie die Verbindung zwischen Ihnen und ihm immer stärker wird, bis Ihr Geistheiler zu einem Teil von Ihnen geworden ist.

Fragen Sie Ihren Geistheiler nun, ob er mehr Kontrolle über Ihren Körper und Geist übernehmen will, um den Patienten zu heilen, der vor Ihnen sitzt.

Folgen Sie den Eindrücken, die Ihr Geistheiler Ihnen vermittelt. Lassen Sie alle Gedanken und Zweifel los, die Ihnen in den Sinn kommen.

Vertrauen Sie völlig darauf, dass Sie in sicheren Händen sind und es in Ordnung ist, sich führen zu lassen.

Lassen Sie Ihren Geistheiler Ihre Hände lenken und die Arbeit tun, wenn Sie merken, dass Sie mit Ihrem Patienten verbunden sind – entweder in der Aura oder mit seinem Körper.

Nehmen Sie alle Gefühle, Eindrücke oder Bilder, die während des Heilprozesses auftauchen, bewusst wahr, und merken Sie sich alles.

Lassen Sie sich von Ihrem Geistheiler führen und zeigen, wenn die Übung vorbei ist.

Bitten Sie ihn, Sie sicher an Ihren Platz zurückzuführen und hinzusetzen.

Danken Sie Ihrem Geistheiler und bitten Sie ihn, sich zu entfernen und Ihnen zu erlauben, den Raum wieder bewusster wahrzunehmen.

Atmen Sie tief ein und aus, und nehmen Sie den Raum mit jedem Atemzug bewusster wahr.

Wenn Sie so weit sind, können Sie die Augen wieder öffnen und Ihre Erfahrungen mit dem Patienten teilen.

***

Diese Übung war aus mehreren Gründen interessant. Ich war in einer Position, in der ich zusehen und gleichzeitig auf die Schüler eingestimmt sein konnte. Mehr als die Hälfte von ihnen gingen wirklich mit und stellten eine starke Verbindung her, der sie von Anfang bis Ende vertrauten. Und mehrere von ihnen, denen ich Energie schickte, bedankten sich mit einem Nicken in meine Richtung, während sie noch in Trance waren. Das war interessant, weil ich während der Übung leise umherging und sie daher nie wussten, wo ich gerade war. Ich war nur am Anfang und am Schluss an derselben Stelle.

Witzig war, dass manche der Schüler kurz blinzelten, um zu sehen, ob sie an der richtigen Stelle standen. Sie hatten zwar eindeutig die Anleitungen nicht befolgt und keine Verbindung auf einer tieferen Tranceebene hergestellt, heilten aber trotzdem!

Einige Reaktionen der Pateinten klangen ermutigend. Manche Heiler hatten die Körperstelle, zu der sie geführt worden waren, richtig identifiziert, und einige von ihnen griffen sogar die früheren Krankheiten und Operationen ihrer Klienten auf. Es war eine gelungene Übung, und ein hoher Anteil an Schülern war sehr erfolgreich.

Thomas gehörte zu den Schülern, die die stärkste Verbindung zu ihren Geistheilern hatten, und als wir die Teilnehmer am Ende der Heilarbeit aufforderten, ihre Informationen mit uns zu teilen, schilderte er die Krankheitsgeschichte seines Patienten erstaunlich korrekt. Mittlerweile hatte er offensichtlich keine so großen Zweifel mehr!

Am nächsten Tag sprachen wir über die Arbeit als Medium und Heiler. Wir gingen vieles durch, was wir schon bearbeitet hatten, und die Schüler hatten viele Fragen.

Eine Teilnehmerin fragte, was sie noch tun könnte, um weiterzukommen. Wie die meisten guten Schüler wollte sie ihre mediale Entwicklung nutzen. Ich musste an Mrs. Primroses Antwort denken, als ich ihr dieselbe Frage gestellt hatte: „Man kann sich nie langsam genug entwickeln. Wenn ihr mehr Erfahrung habt, werdet ihr voneinander genau das lernen, was ihr zu eurer Weiterentwicklung braucht, aber ihr könnt keine sammeln, wenn keine Erfahrungen da sind."

Ihre Antworten auf meine Fragen waren immer simpel und meistens war das auch gut, aber wie ich zugeben muss, hat es mich immer aufgeregt, wenn sie antwortete: „Mit der Zeit wird alles klar werden.“ Ich achte darauf, meinen Schülern das nie zu sagen, wenn sie mich etwas fragen. Wahrscheinlich hörte ich diese Antwort so oft, weil ich so viele Fragen stellte!

Die Schüler wollten auch wissen, wie sie so wie Steven und ich mit ihrem Geistführer kommunizieren könnten.

„Nun ja“, sagte ich, „ich mache diese Art der medialen Entwicklung und Verbindung zur feinstofflichen Welt schon seit über zwanzig Jahren und übe die Arbeit auch schon seit Jahren aus. Aber Steven entwickelt sich erst seit viereinhalb Jahren medial und kommt langsam dahin; also nehmt ihn euch als Vorbild und versucht, das zu erreichen, was er in dieser Zeit geschafft hat.“

Körperliche Phänomene

Die Fragen hörten gar nicht mehr auf. Manche Leute wollten mehr über die eher körperlichen Phänomene wissen – über Dinge wie die mediale Materialisation, bei der das Medium in Trance in einem abgedunkelten Raum arbeitet und die Geistwesen das Ektoplasma seines Körpers nutzen, um so ihr Äußeres zu formen und in der Séance in körperlicher Gestalt zu erscheinen.

Ich brachte ein paar Beispiele dazu. Albert, Mrs. Primrose und andere ältere medial Begabte, die ich kannte, hatten schon Erfahrungen damit gemacht. Aber ich sagte, wir könnten diese Art von Phänomen nicht in unseren Modulen hervorrufen, da ein solches

Medium jahrelang regelmäßig im selben Zirkel meditiert, bevor es die Energie aufbaut, die dafür benötigt wird.

Wir zeigten den Schülern jedoch, wie sie eine Transfigurations-Séance durchführen können. Auch sie findet im abgedunkelten Raum statt, in dem jedoch ein schwaches rotes Licht auf einen eingeschlossenen Schrank fällt, in dem das Medium sitzt, während es sich in Trance begibt. Eine solche Séance wird durchgeführt, damit das Geistwesen nur eine sehr geringe Menge an Ektoplasma braucht, mit dem es eine Haut oder Maske über dem Gesicht des Mediums formt und darauf seine eigenen Gesichtszüge überträgt.

Alle Teilnehmer waren dafür, die Fenster im Raum zu verdunkeln und einen provisorischen Schrank aus schwarzem Stoff zu bauen. Dann klemmten wir eine schwache rote Lampe oben in die Mitte, um das Gesicht des Mediums zu beleuchten. Wir stellten einen Barhocker in den Schrank, auf dem das Medium sitzen konnte, und bauten alle Stühle vor dem Schrank auf, damit die Schüler das Medium gut sehen konnten.

Der Grund für diese Übung war, den Schülern, die in dieser Art von Energie sitzen wollten, dies zu ermöglichen, während Steven oder ich den Vorgang überwachen würden. Es war nur ein Séance-Experiment und wir erwarteten uns nicht allzu viel davon; es ging mehr um die Erfahrung als sonst was. Außerdem war es wichtig, dass die Teilnehmer, die so etwas ausprobieren wollten, lernten, wie man es richtig macht und wozu sie es überhaupt tun wollten.

Ich saß als Erster für ungefähr zwanzig Minuten im Schrank, bevor Steven mich zurückholte. Wie einige Teilnehmer berichteten, hatten sie meinen Geistführer gesehen; andere hatten verschiedene Farben um mich herum wahrgenommen, so als hätte sich Energie aufgebaut. Ich wusste, dass mein Geistführer erschienen war, und manche der Teilnehmer, die ihn gesehen haben wollten, beschrieben sein Aussehen korrekt. Doch wichtiger, als ein Phänomen hervorzurufen, war mir, als Erster im Schrank zu sitzen, um die Energie für die Nächsten aufzubauen, damit sie ein Gefühl dafür bekamen.

Anschließend versuchten sechs Teilnehmer ihr Glück im Schrank, und alle hatten ein anderes Gefühl als in ihrem normalen Zirkel. Wie die Zuschauer feststellten, sahen sie mehr, wenn sie den Blick ein wenig unscharf machten, und viele erlebten dieselben Dinge gleichzeitig. Um als echtes physisches Phänomen zu gelten, müsste zwar jeder sichtbare Veränderungen am Gesicht des Mediums sehen, doch – ähnlich wie bei der Übung, bei der man die Aura sieht – glaubte ich, dass einige Teilnehmer sicher weiterkämen, wenn sie diese Art der medialen Arbeit regelmäßig übten.

Das Wichtigste an diesem Modul war jedoch, den Teilnehmern beizubringen, wie der Einzelne in Trance arbeiten und die Erfahrung in seinen Zirkel einbringen kann. Daher kamen wir nun zur letzten Übung dieses Moduls, bei der es um Trance und mediale Zirkel ging.

Wenn Geistheiler mit anderen Geistheilern zusammenarbeiten

Ein Aspekt des Experiments „Heilarbeit im Trancezustand“, das wir mit Petra durchführten, war zu zeigen, wie der Geistführer eines Mediums sich mit dem einer anderen Person verbinden und arbeiten könnte. Wie schon erwähnt, geschieht dies in meinem Zirkel, wenn ich mich mit den anderen Teilnehmern verbinde: Dann erscheint Chi und zeigt ihren Geistführern, wie sie am besten mit ihrem Medium zusammenarbeiten können.

Bei dieser Übung teilten wir die Schüler wieder in die vier Zehnerkreise auf und wählten in jeder Gruppe das Medium mit der größten Erfahrung als Gruppenleiter aus. Der Gruppenleiter sollte im Wachzustand bleiben, jedoch Verbindung zu seinem Geistführer aufnehmen, so wie ich es in dem vorherigen Experiment getan hatte, und versuchen, ihm die Kontrolle über die Gruppe zu übertragen, indem er sich mit den Geistheilern der Teilnehmer verband und sie bat, eine bestimmte Bestätigung zu geben.

Bei dieser Übung sollte der Gruppenleiter sich außerdem vornehmen, jemandem zu helfen, von dem er wusste, dass der Betreffende Heilung benötigte – oder einem der Gruppenteilnehmer, wenn er es für nötig hielt. Er sollte es nicht aussprechen, sondern es per Telepathie dem Geistheiler des Teilnehmers übermitteln und sehen, ob einer von ihnen es spürte. Es war eine gute Übung für die ausgewählten Gruppenleiter, da sie alle mediale Zirkel leiteten und von dieser Erfahrung profitieren würden.

Übung 19: Zusammenarbeit mit Geistheilern im Zirkel

Gruppenleiter, bringen Sie die Teilnehmer leise in die Stille.

Bitten Sie sie, die Energie unter Anwendung derselben Technik wie in den vorherigen Übungen im Zirkel aufzubauen.

Wenn Sie fühlen, dass der Zirkel in einem stabilen Zustand der Stille ist und die Energie ausreicht, dann weisen Sie die Gruppe an, ihre Geistheiler im Kreis willkommen zu heißen.

Wenn die Teilnehmer Verbindung aufgenommen haben, dann sprechen Sie mental ihre Geistheiler mit einem Nicken oder einer kleinen Verbeugung an, nehmen Sie sie im Kreis auf und warten Sie ihre Reaktion ab.

Vergessen Sie nicht: Sie und Ihr Geistheiler haben die Kontrolle über den Zirkel, und die anderen Geistheiler, die Kontakt aufnehmen, werden dies respektieren. Scheuen Sie sich daher nicht, die Geistheiler zur Kenntnis zu nehmen, aber bitten Sie sie, Ihren Anweisungen Folge zu leisten.

Wenn Sie spüren, dass alle Geistheiler Verbindung zu ihrem Medium haben, und nachdem Sie sie alle in Ihrem Zirkel empfangen haben, fragen Sie sie in Gedanken, ob sie Sie dabei unterstützen können, der von Ihnen ausgewählten Person – im Zirkel oder außerhalb des Zirkels – zu helfen.

Geben Sie den Teilnehmern die benötigte Zeit mit ihren Geistheilern, um Eindrücke wahrzunehmen, die sie möglicherweise erhalten.

Danken Sie den Geistheilern dafür, dass sie in Ihren Zirkel gekommen sind, und holen Sie alle Teilnehmer – wieder wortlos – zurück ins Hier und Jetzt.

Achten Sie darauf, welche Teilnehmer sofort auf Ihre Gedanken reagieren und welche nicht. Wenn alle Teilnehmer gleichzeitig ins Hier und Jetzt zurückkehren, bestand in Ihrem Zirkel eine sehr gute Verbundenheit untereinander.

Wenn manche Teilnehmer nicht auf Ihre telepathischen Gedanken reagieren, dann holen Sie sie mit Worten zurück, bis alle Teilnehmer wieder im Hier und Jetzt sind.

Bitten Sie nun Ihren Geistheiler, sich aus dem Zirkel zurückzuziehen, und danken Sie ihm.

Gehen Sie rundherum zu jedem Teilnehmer und bitten Sie ihn, seine Erfahrungen zu erzählen.

***

Während der Übung konnte man im Raum fühlen, dass sich eine äußerst starke feinstoffliche Präsenz aufbaute. Es überraschte weder Steven noch mich, dass alle im Zirkel eine so harmonische Verbindung zu ihren Geistführern hatten. Hinterher berichteten alle, noch nie eine so tiefe Verbundenheit erlebt zu haben.

Es war sehr befriedigend zu sehen, dass die Teilnehmer – die am ersten Tag des Kurses offensichtlich ihre Zweifel gehabt hatten – nun so gut loslassen und auf die telepathischen Anweisungen der Geistführer reagieren konnten. Am Schluss hatten sie noch nicht einmal mehr Fragen – sie wollten nur über ihre

Gefühle sprechen. Es gab ein stillschweigendes Übereinkommen, und keiner wollte dieses Gefühl oder den Augenblick zerstören. Es war das perfekte Ende des Moduls über Trance.

Wie ich fand, hatten wir die Teilnehmer in nur zehn Monaten recht weit gebracht. Und ich behandelte Steven nicht länger als einen Schüler, sondern als Hilfslehrer. Durch die Module hatte er sich weiterentwickelt; sie halfen ihm, sich auszudrücken und das Vertrauen und den Respekt der Gruppe zu gewinnen. Mittlerweile war es genauso sein Seminar wie meines.

Als wir vor dem Rückflug durch den Flughafen gingen, sprachen wir beide gleichzeitig über Paul und fragten uns, ob er wieder auf unserem Flug dabei sein würde. Er war es jedoch nicht. Ich dachte immer noch, dass er super in unseren medialen Zirkel gepasst hätte, doch nach meinen Erfahrungen würde die feinstoffliche Welt uns den Richtigen schon schicken, wenn wir ihr nur vertrauten.

10
Die Arbeit im Zirkel

In einer Klasse, in der Harmonie, Vertrauen und Liebe herrschen, sieht man keine Lehrer, sondern nur Spiegel.

Master Chi

Wir hatten nun zwei Neue in unserem Zirkel: Craig, der in Stevens Alter war, und Colin, der der Gruppenälteste sein würde, wie wir beschlossen. Beide suchten einen Entwicklungszirkel, und beide tauchten unverhofft auf, was mir sehr zusagte.

Ich war gerade in den Norden von London gezogen und es passte perfekt, weil Sara in der Nähe wohnte. Als ich Craig auf einem Wochenendseminar in Eastbourne kennenlernte, erzählte er mir, er könne keinen guten privaten Zirkel an seinem Wohnort finden, und fragte mich, ob ich medial Begabte kenne, die ihm helfen könnten. Ich fragte ihn, wo er wohne, und wie sich herausstellte, waren wir praktisch Nachbarn. Und noch wichtiger: Es war die Bestätigung, auf die ich gewartet hatte, da mir mein Geistführer mitgeteilt hatte, dass zwei Menschen – ein junger und ein alter (Sorry, Colin!) schon unterwegs seien.

Craig war 31 und stand offensichtlich am Anfang seiner medialen Reise. Er war viel extrovertierter, als es Steven bei unserer ersten Begegnung gewesen war, und sehr lernbegierig. Auf mich wartete wieder einmal die Aufgabe des Lehrmeisters, doch ich wusste, dass Craig für unseren Zirkel genau der Richtige war.

Colin – nun ja, er hat Erfahrung in die Gruppe mitgebracht. Er arbeitet schon jahrelang als Medium, ist in allem, was wir lehren wollen, sehr belesen und geübt. Ich war ihm schon mehrmals bei Seminaren in Eastbourne begegnet, und wie sich herausstellte, kannten er und Sara sich auch schon. Sie hatten sich in einem spirituellen Seminar am Arthur Findlay College in Stansted Hall, Essex, kennengelernt. Dort kann man Kurse in medialen und spirituellen Studien belegen. Die Welt ist sowieso schon klein, aber wenn man sich auf die spirituelle Reise begibt, wird sie noch kleiner.

Jetzt fühlte sich unser Zirkel vollständiger an, und die neue Energie tat ihm gut. Gewöhnlich dauert es eine Weile, bis sich alle einander angenähert haben, doch unser Zirkel schien von Anfang an zu harmonieren, wie alle fühlten. Wenn unser vorheriger Zirkel uns auf diesen vorbereitet hatte, dann fragte ich mich, was dieser wohl bringen würde.

Mehrere Gruppenteilnehmer hatten ähnliche Erlebnisse wie das Ereignis in Deutschland, als Chi Petra und ihren Geistführer im Raum herumführte. Für Craig war alles zwar noch völlig neu, doch ich verstehe, warum die feinstoffliche Welt dieses Element in unserem Zirkel haben wollte: Es ist wichtig, die alten Lehren an die Jungen weiterzugeben. Mrs. Primrose hatte dieselbe Einstellung gehabt – sie hatte nicht nur mit erfahrenen medial Begabten arbeiten, sondern ihr Wissen auch mit den Jungen teilen wollen, um in die Zukunft zu investieren.

Ein wesentlicher Aspekt ist, die Atmosphäre spüren zu können – und ihre Veränderung, wenn neue Energien hinzugefügt oder herausgenommen werden. Selbst zu Hause und am Arbeitsplatz spüren wir die Atmosphäre und merken meist sofort, ob irgendetwas anders ist.

Im medialen Zirkel, der zum spirituellen Klassenzimmer wird, ist der sechste Sinn deutlicher spürbar und man fühlt die

Essenz des leeren Raums um sich herum, die man normalerweise im Alltag, wenn wir uns vor allem auf unsere anderen fünf Sinne verlassen, gar nicht wahrnimmt.

Wenn wir dieses innere Gespür erweitern, können wir die Geistwesen in unserem Umfeld spüren, und aus diesem Blickwinkel wirkt alles anders. Dann lernen wir Achtsamkeit, Mitgefühl und viele weitere wertvolle Eigenschaften, weil wir unseren aktiven Alltag lange genug hinter uns lassen, um festzustellen, dass materielle Dinge nicht so wichtig sind wie gedacht, und dass Ängste und Stress meist mit unseren irdischen Wünschen und Bedürfnissen einhergehen.

Wir nutzen diesen Raum, um einander zuzuhören und zu verstehen und um Unterstützung durch die Gruppe zu entwickeln. Hier fühlen wir uns sicher genug, um offen mit unseren Fehlern und Ängsten umzugehen und zu wissen, dass wir nicht verurteilt werden. Unser Zirkel ist ein sicherer Ort, ein Ort abseits vom Alltag, an dem wir uns in unserer Haut wohlfühlen können. Doch er geht auch unter die Haut: Hier teilen wir unsere persönlichste Energie, den Teil von uns, der uns lieben und geliebt werden lässt. Wir werden buchstäblich zur spirituellen Familie.

Master Chi

Nach etwa zehn Wochen Sitzungen im neuen Zirkel zeigte sich Chi. Wenn wir eine Familie sind, dann ist er eindeutig das Familienoberhaupt. Und mit der Fürsorge eines guten Vaters leitete er uns sanft, führte und beriet uns durch unseren Lernprozess, ohne uns je zu beurteilen.

Während einer Trancesession sprach er durch den Zirkel und warum es für uns so wichtig sei, mehr über das Leben jenseits der physischen Welt zu erfahren:

Seid gesegnet.

Es ist mir eine Freude, herzukommen und einige von euch zum ersten Mal zu treffen. Ihr müsst wissen, dass die feinstoffliche Welt bei euch ist und sich mit euch verbinden will, damit ihr euer Wesen und den Grund versteht, warum ihr jetzt da seid, wo ihr seid, und was ihr in dieser Gruppe tut.

Eine Kraft, die in jedem von euch steckt, hat euch hergeführt. Diese Kraft ist ein so elementarer Teil von euch wie euer Körper, das Blut, das durch eure Adern fließt, oder die Luft in eurer Lunge. Sie ist euer Wesen und hat wie alle Aspekte von euch einen Sinn und Zweck. Ihr Zweck ist, euch zu führen, euch in die Richtung eures Schicksals zu ziehen und euch an den Ort auf dieser Welt zu bringen, auf den ihr euer Bewusstsein gerichtet hattet, noch bevor ihr überhaupt hier angekommen seid.

Deshalb sage ich euch, dass ihr in diesem Augenblick genau da seid, wo ihr sein sollt.

Das Wesen des menschlichen Lebens ist, zu wachsen, und dasselbe gilt auch für das spirituelle Leben. An das erinnert ihr euch von der Zeit, bevor ihr auf die Erde kamt. Ihr erinnert euch daran, weil es zu eurer Natur gehört.

Manche Menschen werden geboren, um geistig zu wachsen und um Geräte und Methoden zu entwickeln, die die menschliche Lebensqualität verbessern. Andere entwickeln

Systeme, die Struktur und Ordnung geben, während die Menschen Fortschritte machen. Viele bringen einen Schlüssel zum Wachstum mit, damit sich die menschliche Welt weiterentwickeln kann – aber ihr, ihr habt (in eurem Wesen) einen Schlüssel mitgebracht, mit dem sich eine Tür zwischen den Welten öffnen lässt.

Der kleine Raum, den ihr als Gruppe ausfüllt, wird in der feinstofflichen Welt als Licht wahrgenommen. Es leuchtet aus der dunklen Dichte der menschlichen Welt und erinnert uns daran, dass wir ein Teil von euch sind und dass ihr uns braucht, um Licht ins Dunkel zu bringen. Wie die Blume die Biene ruft, um ganzheitlich werden zu können, so weiß auch die Biene, dass sie ihrer Natur folgen muss. So ist es auch für die geistige Welt, die den Ruf des irdischen Geistes hört.

Wir helfen euch, euren Raum vorzubereiten, damit wir uns zu euch gesellen und euch helfen können, noch mehr Wahrheiten zu verstehen. Aber ihr müsst wissen, dass alles so ist, wie es für den Augenblick sein sollte. Ihr werdet viele Fragen haben, so wie alle Kinder, wenn der Lehrer das Klassenzimmer betritt. Lasst den Lehrstoff der nächsten Monate den Stoff sein, aus dem ihr eure Fragen wählt, wenn wir diesen Raum wieder teilen.

Seid gesegnet.

Über die Jahre hat mein Geistführer die Gruppen, an denen ich teilgenommen habe, schon vieles gelehrt. Es war ein gutes Gefühl, auch in unserem neuen Zirkel von ihm zu hören. Am

Ende des alten Zirkels war er nicht mehr so oft erschienen, denn, wie er uns mitteilte, brauchte er nicht zu kommen, wenn wir alles richtig machten. Doch nun wollte er sich offensichtlich der neuen Gruppe vorstellen und uns informieren, dass er über uns wachte und immer wieder erscheinen würde, um Fragen über die Wirkungsweise des Zirkels zu klären.

Master Chi hat bei wenigen Gelegenheiten auch schon durch mich im Trancezustand gesprochen, wenn ich an einem spirituellen Seminar oder einem spiritistischen Lehrkurs teilnahm. Bei einem Seminar am Arthur Findlay College wurden mehrere medial Begabte aufgefordert, den Schülern Trance vorzuführen. Ich gehörte zu den Auserwählten. Zugegebenermaßen kann ich von meinem Geistführer nicht erwarten, dass er erscheint und spricht, nur weil man mich darum bittet. Doch ich bin sicher, dass Chi sich zeigen wird oder andere Geistwesen, die er vermitteln will, erscheinen werden, wenn sie einen guten Grund dafür haben.

An diesem Tag begab ich mich vor mehreren hundert Leuten, die sich in einem Seminarraum versammelt hatten, in die Stille. Es war die Woche der offenen Tür, und Hunderte von Interessierten erschienen, weil heute Tag der Trance war. Ich fragte meinen Geistführer, ob er kommen würde, hieß ihn dann in meinem Raum willkommen und hoffte, dass alles gutgehen würde.

Chi sprach in seiner sehr sanften und manchmal sogar witzigen Art durch mich. Wie immer bekam ich zwar dumpf mit, was vor sich ging, aber mein Geist hatte sich ausgeklinkt und ich genoss einfach den friedlichen Zustand, in dem ich mich befand. Ich merkte erst nach ein paar Sekunden, dass sich mein Körper bewegte, als mein Geistführer mich in die Mitte der Zuschauermenge führte.

Eine Frau in den hinteren Reihen fragte nach ihrer verstorbenen Tochter. Chi führte mich zu ihr, übermittelte ihr eine Botschaft von ihrem Kind, die einen eindeutigen Nachweis enthielt, und brachte mich wieder zurück auf die Bühne. Damit hatte ich kein Problem – ich habe nie befürchtet, gegen jemanden oder etwas zu stoßen. Dieses unerschütterliche Vertrauen erwarte ich auch von meinen Schülern, wenn sie in Trance arbeiten.

Das fünfte Modul

Steven und ich bereiteten uns auf das letzte Modul in Frankfurt vor. Wir hatten das Seminar vor knapp einem Jahr begonnen und wollten die Teilnehmer nun prüfen, indem sie uns die Ergebnisse ihrer harten Arbeit vorführen sollten. Wir waren beide aufgeregt und freuten uns darauf, sie alle wiederzusehen. Auch wenn das Seminar nur aus fünf Wochenenden bestanden hatte, gab es doch eine gewisse Kontinuität und wir mussten es bis zum Ende durchführen. Außerdem fühlten wir eine starke Verbundenheit mit der Gruppe und es war toll, von ihren Fortschritten zwischen den einzelnen Modulen zu hören. Sie freuten sich über ihre Weiterentwicklung und nahmen alles, was wir ihnen für ihre eigenen medialen Zirkel auftrugen, so ernst, dass wir uns keine fleißigeren Schüler hätten wünschen können.

Am ersten Tag ließen wir die Teilnehmer noch einmal alle Übungen aus den früheren Modulen machen, um zu sehen, wie weit sie gekommen waren. Ihre Fortschritte waren deutlich zu erkennen. Auch unsere Dolmetscherin Monika, die das ganze

Seminar mit uns bestritten hatte und bei vielen spirituellen Seminaren mitarbeitet, staunte, wie weit die Gruppe gekommen war. Die Fortschritte unserer hochmotivierten Schüler machten mich sehr glücklich.

Als die Teilnehmer Botschaften überbringen sollten, übermittelten sie einander solide Informationen. Sie konnten auch hervorragend zwischen medialen und psychischen Informationen unterscheiden. Eine Teilnehmerin namens Ute, die während des gesamten Seminars still und zurückhaltend gewesen war, beschrieb sehr gut die Bereiche des Readings, das sie gerade gegeben hatte. Das Reading hatte mit einer starken medialen Verbindung begonnen und war dann in tiefere psychische Informationen übergegangen, die ihr viel abgefordert hatten, bevor sie ihre mediale Verbindung wiederherstellen konnte.

Stephan, der immer viele Fragen gestellt hatte und der nach unserem Eindruck stark an der medialen und sensitiven Arbeit gezweifelt hatte, überraschte alle, weil er seinem Partner sehr selbstsicher ein fantastisches Reading gab. Er hatte zwar immer das Heilen bevorzugt, aber am Ende hat er verstanden, dass mediale Arbeit eine Form des Heilens ist, und damit konnte er umgehen.

Der letzte Unterrichtsteil des Tages war der Trance gewidmet. Dafür wurden die Schüler wieder in ihre vier Zirkel aufgeteilt. Ich führte sie durch die Tranceübung und ließ sie dann in ihrem Zirkel arbeiten und von ihren Geistführern führen. Es lief hervorragend. Monika sagte, sie hätte am liebsten einfach losgelassen und mitgemacht, aber das ging natürlich nicht. Zwar hatten wir die Teilnehmer erst einen Monat zuvor in die Trancearbeit eingeführt, doch sie schienen schon vollkommen begriffen zu haben, was sie tun sollten. Seit vielen Jahren erlebe ich, wie Teilnehmer an Trancegruppen in kürzester Zeit vollkommen abheben. Unsere Gruppe hingegen nahm ihre mediale Entwicklung ernst und blieb während des gesamten Seminars geerdet.

Gewöhnlich beendeten wir den ersten Tag eines Moduls, indem wir Fragen beantworteten, doch diesmal baten mich die Teilnehmer um eine Trancevorführung, bei der sie Chi kennenlernen würden.

Immer wenn ich darum gebeten werde, begebe ich mich an einen ruhigen Ort und frage dort Chi, ob er durch mich arbeiten möchte. Ich halte es für angebracht, meinen Geistführer erst um Erlaubnis zu bitten, denn sonst könnte ich mich im Trancezustand wiederfinden, ohne dass er kommt und kommuniziert. Dieses Mal spürte ich jedoch schon, dass die Energien im Raum für das Erscheinen meines Geistführers geeignet waren.

Steven war Chi mittlerweile schon mehrmals begegnet und wusste daher, wie er die Teilnehmer auf die Ereignisse, die bei Chis Auftauchen eintreten könnten, vorzubereiten hatte. Er redete mit ihnen, während ich mich in die Stille begab und mich auf die Verbindung zu meinem Geistführer vorbereitete.

Ein paar Minuten später fühlte ich, wie sich die Schwingung um meinen Körper herum erhöhte und ein starker Energieschub durch mich hindurchströmte, als mein Geistführer sich mir näherte. Ich spürte, wie er seine eigene, weitaus schnellere Schwingung meiner anpasste. Dann hatte ich die Sinneswahrnehmungen, an die ich mich über die Jahre schon gewöhnt habe, während mein Geist in einen traumartigen Zustand abdriftet. Mein Fokus auf das Zimmer wurde immer unschärfer, doch ich fühlte mich so wohl, als wäre ich in warme Watte eingehüllt.

Chi zeigte sich mit seinem gewöhnlichen Gruß und stellte sich den Schülern vor. Wie Steven mir erzählte, legte sich Totenstille auf den Raum, so als wären die Teilnehmer bei Chis Erscheinen in ein Wachkoma gefallen. Steven nahm die Session auf Band auf, was gut war, denn als den Teilnehmern schließlich klar wurde, dass Chi eine eigene Persönlichkeit und Humor hat, wurden sie schlagartig wieder wach und stellten ihm viele Fragen:

Frage: Wo ist Gordons Geist in diesem Moment und nimmt er das, was passiert, bewusst wahr?

Chi: Der Geist des Mediums ist da, wo er immer ist, aber er ist nicht mehr empfänglich für seine Umwelt. Er ist sich zwar dessen bewusst, was vor sich geht, hat aber keinen Bezug mehr dazu. Es ist ungefähr so, als würde man Stimmen hören, die in einem anderen Raum über etwas reden, was einen nicht interessiert – es sind für ihn nur Hintergrundgeräusche.

Frage: Warst du schon immer Gordons Geistführer und hast du ihn vor seiner Geburt in der feinstofflichen Welt gekannt?

Chi: Ja. Ich entschied mich, das Medium schon vor seiner Geburt bis zu dem Zeitpunkt, an dem er wieder in der feinstofflichen Welt aufwachen wird, zu führen. Wir waren schon immer miteinander verbunden, was uns jedoch nicht immer bewusst war, so wie ein Säugling seine Eltern nicht wirklich kennt, bevor er das nötige Bewusstsein hat. Er bekommt nur mit, dass sich irgendjemand um ihn kümmert und für ihn sorgt. So ist das auch mit dem Medium und mir. Je mehr wir lernen, unseren Geistführern zu vertrauen, umso stärker wird unsere Bindung und umso mehr wachsen wir.

Frage: Kannst du uns das Universum erklären?

Chi: Würdet ihr es denn verstehen, wenn ich es könnte? Versucht einfach nur, euch selber besser zu verstehen und aus eurem Leben zu lernen. Seid so offen, bewusst und ehrlich euch selbst gegenüber wie nur möglich. Je mehr ihr über euch selbst wisst, desto kleiner wird das Universum euch erscheinen.

Frage: Was passiert, wenn wir sterben? Ich habe zwar keine Angst vor dem Tod, aber werden wir zu irgendeinem Zeitpunkt alleine sein oder werden unsere Verwandten und Freunde uns in Empfang nehmen?

Chi: Lasst mich zuerst erwähnen, dass es wie die meisten Dinge ist, die einem unbekannt sind – wenn es eintrifft, ist es nie so schlimm, wie man es befürchtet hat. Es wird sich wie eine kurze Beschleunigung und dann wie Erleichterung anfühlen – ein Loslassen in einen Zustand der Ruhe und Gewichtlosigkeit, die ihr euch jetzt nicht vorstellen könnt, aber die Geistwesen, die eine Bindung zu euch haben, werden noch vor dem Augenblick der Befreiung an eurer Seite sein. Der Grund dafür ist, eure Schwingung anzupassen, ähnlich wie ich es gerade mit dem Medium getan habe.

Frage: Kannst du dich noch an dein früheres Leben auf der Erde erinnern?

Chi: Ja, wenn ich es will. Aber lasst euch nicht von der Vergangenheit beherrschen. Lernt, die Kontrolle über das Hier und Jetzt zu haben.

Frage: Was wird nach 2020 sein? Ich mache mir große Sorgen, dass es Kriege, Katastrophen und andere schreckliche Ereignisse auf unserem Planeten geben wird. Hast du irgendwelche Informationen, die uns helfen können, uns darauf vorzubereiten?

Chi: Verzeiht mir meine ironische Antwort, aber wenn ich mich nicht irre, kommt nach 2020 doch 2021. Wenn ihr euch all die Dinge in der Zukunft anseht, die euch Angst machen, werdet ihr feststellen, dass sie schon in eurer Welt stattfinden, aber die Erde dreht sich trotzdem weiter und erhält Leben. Wie schon erwähnt: Habt nicht das Gefühl, als müsstet ihr die Probleme eurer Welt lösen, sondern bemüht euch, euch selbst und eure Umwelt ins Gleichgewicht zu bringen. Und noch einmal: Seid im Hier und Jetzt, denn es ist sicher, während Morgen erst noch erschaffen wird.

Frage: Glaubst du, die Wissenschaft wird je die feinstoffliche Welt begreifen und vielleicht sogar einen Weg finden, wie sie durch Technologie mit ihr kommunizieren kann?

Chi: Es ist schon seltsam, dass die beste Maschine auf Erden seit Tausenden von Jahren mit seinen Vorfahren kommunizieren kann – und dass der Mensch trotzdem versucht, etwas, das dem menschlichen Körper unterlegen ist, zu erfinden, womit er das tun kann. Ich kann die Frage jedoch nachvollziehen. Solange der Mensch auf dieser Welt sein Wissen erweitern will, wird er an irgendeinem Punkt auf die höhere Macht der feinstofflichen Welt treffen. Habt ihr euch je darüber Gedanken gemacht, dass die feinstoffliche Welt vom menschlichen Geist getrennt sein muss? Vergesst nicht: Alle Menschen kommen aus der feinstofflichen Welt und werden irgendwann dorthin zurückkehren, und in ihr braucht man keine Geräte, um miteinander zu kommunizieren.

Frage: Was kannst du uns sagen, das uns helfen würde, mehr wie Geistwesen auf einer höheren Ebene zu sein und mehr Licht in unser Leben zu bringen?

Chi: Die simple Antwort ist, dass ihr lernen müsst, euch selbst und andere zu lieben. Das wurde schon so oft gesagt und muss so lange wiederholt werden, bis der Tag kommt, an dem die Liebe eine Konstante ist. Ihr seid jedoch keine Geistwesen auf einer höheren Ebene, solange ihr auf der Erde lebt, und ihr sollt es auch gar nicht sein. Ihr habt euch entschieden, auf die Welt zu kommen und aus den Einschränkungen und emotionalen Ereignissen des menschlichen Lebens zu lernen. Und was das Licht angeht: Es ist schon da, und nur die Schatten der Erinnerung an die Finsternis halten das Licht von eurem Geist fern. Vergesst jedoch nicht: Das wahre Licht ist da, es ist immer in euch.

Die Schüler waren von der Sitzung mit Chi fasziniert, und er beantwortete noch weitere Fragen persönlicher Art. Zum Schluss erfuhren Steven und ich von ihm, dass am nächsten Tag eine große Überraschung auf uns warten würde, die wir mit offenen Armen entgegennehmen sollten. Die Teilnehmer kicherten, als sie das hörten, weil sie uns als Dank für den Unterricht Geschenke gekauft hatten.

Die Trance war das unerwartete Geschenk an die Schüler. Wir waren mit dem Lehrstoff und den Übungen fertig. Am letzten Tag würde jeder der vierzig Teilnehmer die Gelegenheit bekommen, etwas, was sie im Kurs gelernt hatten, der restlichen Gruppe zu zeigen.

Es wurde einer der schönsten Abschlüsse eines Seminars, das ich in den Jahren als Medium erlebt habe. Zu sehen, wie die Schüler hintereinander aufstanden und über ihre Erfahrungen sprachen, zu hören, wie sie sich in ihrer Persönlichkeit und ihrem spirituellen Verständnis weiterentwickelt hatten, war eine wahre Freude.

Manche übermittelten mediale Botschaften und zeigten so ihr neues Selbstvertrauen. Darunter war auch Thomas, der seine Sache sehr gut machte. Außerdem bedankte er sich bei Steven für dessen persönliche Unterstützung bei der Stärkung seiner Verbindung zu seinem Geistführer und dankte allen anderen Schülern für ihre Akzeptanz, obwohl er in den ersten Modulen so starke Zweifel gehegt hatte.

Es war jedoch Lana, die uns alle wirklich inspirierte, als sie zehn Minuten lang schilderte, wie viel stärker die mediale

Entwicklung sie gemacht hatte und wie es in ihrem Leben weitergehen würde. Wie sie erklärte, war sie anfangs so schüchtern gewesen, dass sie sich nicht mit Männern unterhalten oder ihre Nähe zulassen konnte. Doch in den Wochen vor dem letzten Modul hatte sie jemanden kennengelernt, und statt ihm aus dem Weg zu gehen, hatte sie sich öffnen können und die Chance auf Glück ergriffen. Wie sie nun strahlend verkündete, war sie verliebt und mit ihm zusammen.

Ich könnte noch viele solche Beispiele aufzählen. Insgesamt war das Seminar für uns und die Teilnehmer ein großer Erfolg gewesen. Alle fühlten das, und wir waren einander dankbar.

Steven und ich bekamen jeder ein schönes Geschenk von der Gruppe, doch ich glaubte nicht unbedingt, dass das die von Chi angekündigte Überraschung war. Irgendwie ahnte ich, dass an diesem Tag noch etwas anderes passieren würde.

Die Überraschung zum Schluss

Es war vorbei. Der erste mediale Intensivkurs war zu Ende, und jetzt konnten wir nur noch nach Hause fliegen. Wieder einmal begaben sich Steven und ich zum Flughafen.

Wir waren immer noch erfüllt von der erhöhten Energie der letzten zwei Tage, als ich plötzlich ein merkwürdiges Gefühl bekam. Es war ein gutes Gefühl, dasselbe Gefühl, das ich als Kind verspürt hatte, wenn ich wusste, dass gleich etwas Schönes passieren würde.

Wie ich war auch Steven ein äußerst sensibles Kind gewesen. Nun sah er mich an und sagte, er habe so ein komisches Gefühl, das er nicht einordnen könne. Ich erwiderte ihm, dass es mir genauso gehe. Ahnten wir Chis Überraschung? Dann sagten wir gleichzeitig: „Diesmal wird Paul im Flieger sein!“ Ich glaube, wir waren uns so sicher, dass wir ihn allein durch unsere Willenskraft aus einer anderen Stadt herbeigezaubert hätten! Es ist schwer zu erklären, doch wenn ich so ein Gefühl bekomme, dann bin ich mir so sicher, dass ich mein Haus darauf verwettet hätte, wenn ich ein Spieler gewesen wäre.

Wir waren schon so oft in diesem Flughafen gewesen und hatten immer gedacht, wir würden Paul wiederbegegnen, aber wir waren ihm nie über den Weg gelaufen. Diesmal waren wir uns beide ganz sicher – und als wir ins Flugzeug stiegen, war er da.

Es war toll, ihn wiederzusehen, und diesmal sorgten wir dafür, dass er in unserem medialen Zirkel aufgenommen wurde. Er freute sich genauso, uns wiederzusehen, und sagte, er habe so ein komisches Gefühl gehabt, dass er uns wiederbegegnen würde.

Das war zwar das Ende unseres Seminars in Frankfurt, doch wir mussten immer noch einen Zirkel aufbauen, und nun hatten wir das Mitglied, das ihn vervollständigen würde.

11
Der Zirkel macht Fortschritte

Auf der Suche nach Phänomenen und metaphysischen Wundern schlagen viele Menschen den spirituellen Weg ein. Das größte Phänomen, das ihr auf dem spirituellen Weg erleben könnt, ist die Liebe. Wenn ihr in eurer Gruppe zusammensitzt, dann sitzt als Freunde zusammen. Und so wird die Liebe kommen.

Master Chi

Paul lebte sich sofort in unserem Zirkel ein. Ursprünglich hatte er nur einmal teilnehmen wollen, aber ich glaube, nach seiner ersten Sitzung war ihm klar, dass wir ihn wieder dazu einladen würden.

Und so begann unser Zirkel, an Energie und Kraft zu wachsen. Schon bald konnten Sara und Steven genügend loslassen, um sich in Trance mit ihren Geistführern verbinden zu können, und ich verband beide gleichzeitig und leitete sie an, sich gegenseitig zu verbinden. Dazu gehörte, dass sich ihre Fingerspitzen berührten; einer von ihnen musste dann die Hände ganz schnell bewegen, während er den anderen dazu brachte, ihm zu folgen. Wir haben alle schon versucht, diese Übung mit offenen Augen und ohne Trance durchzuführen, aber es funktioniert nicht – jedenfalls nicht in demselben Fluss, wie es die Geistwesen tun, wenn wir im Trancezustand sind. Das zeigt, dass die geistige Welt da ist, wenn man loslässt. Es ermöglicht uns auch, die Stärke unserer Geistführer zu fühlen, und wie achtsam sie sind – weitaus wacher, als wir es je sein können.

Selbst in den frühen Stadien des Zirkels spürte ich, dass es einen Grund dafür gab, warum wir eine stärkere Verbindung zur feinstofflichen Welt erreichten. Die feinstoffliche Welt bereitet irgendetwas vor, und ich wette, andere, die in diesen Tagen in privaten Zirkeln sitzen, spüren es auch. Sandra und Christine, die jahrelang zusammen mit uns meditierten, haben immer noch einen Zirkel, und es ist erstaunlich: Immer wenn wir einen Hinweis erhalten, dass die feinstoffliche Welt etwas Neues tut, können wir sicher sein, dass eine von ihnen uns anruft und dasselbe berichtet.

Da wir nun alle richtigen Leute für die Gruppe zusammengetrommelt hatten, erschien Chi mehrmals und gab uns Anleitungen. Bei seinem ersten Besuch, nachdem Paul der Gruppe beigetreten war, sprach er zu den Mitgliedern und dankte ihnen dafür, dass sie ihn dabei sein ließen. Dann erklärte er kurz, was in der feinstofflichen Welt bei der Vorbereitung des Zirkels vonstattenging:

Wie ihr wisst, bereitet die feinstoffliche Welt diesen Raum vor, um die Lehren und Essenz des höheren Geistes in eure Welt dringen zu lassen. Natürlich wisst ihr alle längst, dass es hier nicht um das Individuum geht, sondern um die Einheit. Die Stärke, die ihr erreicht, weil ihr euch der Einheit übergebt, wird höher sein, als ihr es euch in diesem Leben vorstellen könnt. Das individuelle Ich muss noch viel mehr ausgeschaltet werden, doch das wird geschehen, wenn unsere Mission fortschreitet.

Wenn ihr in den Zirkel kommt, müsst ihr zuerst lernen, euch miteinander zu entspannen. Das ist ganz wichtig für eure Fortschritte und die Stärke der Einheit. Es wird immer deutlich zu erkennen sein, wenn Konflikte unter euch bestehen. Alle werden sie spüren; in einem Zirkel wie diesem könnt ihr eure Gefühle nicht verbergen. Ihr seid zum Teil hier, um eure Gefühle zu erkennen, eure Ängste zu verstehen und zu akzeptieren, dass ihr im menschlichen Zustand nicht perfekt seid. Die geistige Welt wird euch auf eine sichere, stetige Weise führen, die euch nur mit dem konfrontiert, wozu ihr bereit seid. Die geistige Welt drängt oder zwingt nie, sondern fließt immer sanft.

Manche von euch sind schon länger auf dem Weg als andere; sie haben durch ihre Beharrlichkeit Türen geöffnet, so dass ihr alle nun hier sitzen könnt. So sollte es auch sein, da jede Lehre von den Erfahrenen an die Unerfahrenen weitergegeben werden muss, um bedeutsam zu sein.

Wie ihr feststellen werdet, hat dieser Zirkel alles, was er braucht, um ein neues Phänomen zu erschaffen, eines, das wir schon seit einiger Zeit für eure Welt vorbereiten und das in Phasen aufgeteilt werden muss.

Erschreckt nicht, wenn euch bestimmte innere Zustände bewusstwerden, die ihr beim gemeinsamen Meditieren feststellt und anfangs nicht mit dem Verstand verarbeiten könnt. Das gehört zu dem, was ihr mit uns durchlaufen müsst, um unsere Welt wirklich so zu begreifen, wie ihr sie noch nie verstanden habt.

Wir wollen in diesem Zirkel nicht die Phänomene der Vergangenheit erreichen. Nein, in der heutigen modernen Zeit werden sie belächelt und würden sich mit der Art und Weise, wie sich der menschliche Verstand heute entwickelt, nicht vertragen. Zu diesem Zeitpunkt kann ich euch nur um Folgendes bitten: Geht offen und harmonisch miteinander um, lasst Freundschaften untereinander zu, und wenn ihr euren Sakralraum für die geistige Welt öffnet, dann vertraut von ganzem Herzen darauf, dass jede neue Erfahrung die Vorbereitung dafür ist, euch in höhere Ebenen zu heben, damit ihr euch medial weiterentwickelt.

Seid gesegnet.

Chi muss gefühlt haben, dass alle Fragen über das hatten, was folgen sollte, doch getreu seines Wesens ließ er uns mit der nervigsten Bemerkung zurück, mit der sich ein spiritueller Lehrmeister von seinen Schülern verabschieden kann: *„Fragt mich heute Abend nichts, meine Freunde, sondern glaubt mir: Die Zeit wird alles klären."*

Chis Worte ließen uns rätseln, was die feinstoffliche Welt mit unserem neuen Zirkel vorhatte. Unsere Sessions erreichten jetzt schon viel mehr Tiefe als je zuvor. Ich hatte schon eine Art von Trance erlebt, bei der sich mein Geist für kurze Zeit völlig ausklinkte und der ganze Zirkel – sogar die neuen Mitglieder, wie Paul und Craig – auf Ebenen der Trance gelangte, die man normalerweise erst nach Jahren erreicht. Als Chi am Ende einer Sitzung erschien und sprach, war es, als müsste ich ganz allmählich wieder in den geistigen Zustand zurückgeholt werden, den ich früher für einen tiefen Trancezustand hielt. Nun wirkte er sehr leicht und eher wie ein Überschatten als eine Trance.

Es schien, als müsste ich diese Art der inneren Reise jeweils mehrere Wochen vor den anderen erleben. Manchmal kam ich mir wie ein Forscher vor, der aus dem Camp geschickt wird, um zu erkunden, was der Expedition bevorsteht. Jedes Mal, wenn das geschah, wurde mein Bewusstsein in der Tiefe des Experiments noch klarer – so als würde man einen völlig leeren, dunklen Raum betreten, an den sich die Augen erst gewöhnen müssen.

Wenn das passierte, sagte ich es den anderen nicht gleich, damit sie nicht voreingenommen waren. Wie ich wusste, würden alle schon bald melden, dass sie gerade das Gleiche erlebt hatten, was ich ein paar Wochen davor durchlebt hatte.

Die Energie im Zirkel wurde außerdem so dicht, dass alle berichteten, die Geistwesen seien deutlich im Kreis erschienen. Wir alle hatten im Zirkel schon die Berührung durch Hände oder einen festen menschlichen Körper gespürt. Es war, als würden wir eine solche Energiedichte aufbauen, dass die Geistwesen sich uns so zeigen konnten, als wären wir in derselben Realität wie sie. Auch das hatte ich über die Jahre zwar schon erlebt, doch nun wurde es noch viel deutlicher.

Das andere Unglaubliche war, dass Chi kam und über ein Thema sprach, das einer im Kreis vorher diskutiert hatte, und seine Meinung über das Gesagte beisteuerte. Auf diese Weise ließ er uns wissen, dass unsere Geistführer uns zuhörten und genau wussten, an was wir gerade dachten, selbst wenn wir nicht im Zirkel zusammensaßen. Als Medium war mir das zwar schon seit Jahren klar, doch es war schön, die Bestätigung zu erhalten. Und es tat den neuen Mitgliedern sehr gut, es selbst zu erleben.

Beispielsweise hatte Colin eine Doku über einen Philosophen gesehen, der über Freiheit gesprochen hatte, und sich später mit ein paar Freunden darüber unterhalten. Am Ende unseres Zirkels in der besagten Woche erschien Chi und sagte Colin, er habe die Unterhaltung mitgehört und wolle etwas dazu beisteuern, worüber wir nachdenken könnten:

Seid gesegnet, meine Freunde,

ich habe mich zufällig in eure Diskussion über Freiheit eingeklinkt. So viele Wörter schienen mir die Reinheit des Wortes „Freiheit" zu verunreinigen. Vergesst nicht: Ihr kommt aus einem inneren Zustand der Freiheit in der feinstofflichen Welt, und es war eure eigene Entscheidung, das Wort Gefangenschaft und Einschränkung auf die physische Welt anzuwenden.

Bei eurem Gespräch ging es um den Kampf für Freiheit, doch in der physischen Welt schränken Kämpfe eure Freiheit öfter ein, als das sie sie zulassen.

Alles, was euch in der Welt einschränkt, ist die Folge von Angst und menschlichem Verlangen. Bedürfnisse können euch blenden und befangen machen, und in der Gefangenschaft lässt eure Natur euch kämpfen.

Seid daher ruhig, entspannt euch und erkennt, dass es euer Schicksal ist, in die Freiheit zurückzukehren, aus der ihr kamt. Der Körper wird sterben, und mit ihm der Kampf, wenn ihr in eurem jetzigen Leben nach Ruhe strebt.

Befreit euch jetzt, indem ihr euch daran erinnert, wer ihr seid: Ihr seid Geistwesen und als solche immer frei. Wenn ihr den Geist vorbereitet und auf einen höheren Ton einstellt, während er im Körper lebt, könnt ihr einige der Fesseln ablegen, die euch an die irdische Existenz mit all ihren Ängsten und Sehnsüchten binden.

Lasst den Verstand nicht zu eurem Kerkermeister machen; die Freiheit ist ein Zustand der Gnade, und sie wohnt nur im Herzen des Selbst.

Wenn Geistwesen zu uns kommen und uns Informationen übermitteln, die zeigen, dass sie mit uns verbunden und Teil unseres Alltags sind, dann ist das sehr beruhigend. Dasselbe gilt für ihre korrekten Vorhersagen. Das zeigt uns, dass wir es mit einer äußerst intelligenten Quelle zu tun haben, die über das, was wir sehen und kennen, hinausblicken kann.

Ich habe nie daran gedacht, diese Quelle für anderes als das spirituelle Wachstum zu nutzen. Die feinstoffliche Welt sollte nie als Dienstleistung betrachtet werden, die all unsere irdischen Probleme lösen und jede Wunde heilen kann, die wir in unserem menschlichen Leben ertragen müssen. Wie Chi sagte: Unsere Geistführer sind immer für uns da, um uns sanft zu führen und zu lenken, aber wir selbst haben die Pflicht, unseren Geist zu erweitern und uns spirituell weiterzuentwickeln. Sie können uns zwar helfen, aber am meisten helfen sie denen, die sich selber helfen wollen.

Ich sah Steven an und stellte fest, wie weit sich seine eigene Denkweise weiterentwickelt hattet, seit er unserem Zirkel angehört. Er hat eine starke Verbundenheit zu seinen Geistführern aufgebaut und muss mich oder Jim daher nur noch selten um Hilfe bitten. Als wir vor kurzem gemeinsam die Arbeit als Medium in Schweden vorführten, setzte er sich an einen ruhigen Platzt und fragte seinen Geistführer Chen Tsung, wie er an diesem Abend klare Botschaften aus der feinstofflichen Welt übermitteln könnte, statt mich um Hilfe oder Rat zu bitten, bevor er auf die Bühne ging. Er bekam folgende Antwort:

Als ich da saß und mich auf meinen Geistführer einstellte, wurde mein Geist klar. Dann fühlte ich seine vertraute Gegenwart. Ich hörte seine Worte in Gedanken als Antwort auf die Frage, die ich ihm gerade gestellt hatte:

„Stell dir klares, reines Wasser vor, das durch die Dachrinne eines Gebäudes in ein Rohr fließt, das es in den Boden transportiert. Der Wasserfluss wird behindert, wenn sich mit der Zeit Blätter und Steinchen angesammelt haben. In diesem Fall ist die Rinne verstopft, der Fluss wird verlangsamt und nur wenige Tropfen Wasser werden durch das Rohr dringen.

Siehe hinsichtlich deiner Arbeit die Botschaft aus der feinstofflichen Welt als das Wasser, das klar und ungehindert fließen muss, deinen Geist als das Rohr, durch das es fließen muss, und den Schmutz als deine Gefühle, Ängste und Zweifel, die sich womöglich über die Jahre angesammelt haben.

Bei deiner Entwicklung hast du deinen Geist von einem Großteil des emotionalen Drecks gereinigt; also sei unbesorgt: Die Botschaft aus der feinstofflichen Welt wird ein sauberes Rohr vorfinden, durch das sie (ungehindert) fließen kann.“

Das ist eine wunderschöne und schlichte Botschaft, über die jedes neue Medium nachdenken sollte, bevor es für die feinstoffliche Welt arbeitet. Übrigens waren die Botschaften, die Steven an diesem Abend übermittelte, äußerst akkurat und tröstlich. Auch die Antwort auf seine Frage zeigte ihm wieder einmal, dass sein Geistführer schon bereitstand, und bei seiner Bitte um Hilfe ging es mehr um die Menschen, die sich nach einer Nachricht ihrer Lieben sehnten, als um ihn selbst. Das zeigt wieder einmal, wie die feinstoffliche Welt reagiert, wenn wir nicht für uns, sondern für andere, die sie nötiger haben, um Hilfe bitten. Unser Zirkel funktioniert wegen dieser Einstellung.

Der von Ihnen ins Leben gerufene mediale Zirkel muss wie eine Familie mit enger Verbundenheit und großer Offenheit für die Schwächen und Stärken der anderen sein. Es ist ganz wichtig, beides anzunehmen und zu schätzen. Das Vertrauen, das Sie zu der feinstofflichen Welt aufbauen, hängt davon ab, wie sehr Ihre Einstellung von Lebenserfahrungen geprägt wurde. Vermutlich haben Sie durch die schwierigsten Erfahrungen am meisten gelernt. Es ist jedoch Ihr fester Wille, unter allen Umständen daran teilzunehmen, der Sie in einem Zirkel zum Erfolg führen und die Gruppenenergie stärker machen wird.

Der Erfolg so vieler früherer spiritueller Zirkel war dem Engagement und der Begeisterung der Teilnehmer genauso wie den Geistwesen zu verdanken. In meinem Zirkel gibt es keinen Einzigen, der diesen Abend lieber woanders verbringen würde. Ich versuche seit Jahren, den Menschen, die sich medial weiterentwickeln wollen, klarzumachen: Was Sie geben, entscheidet über das, was Sie bekommen.

Lehren aus der feinstofflichen Welt

Auf alle Fragen gibt es Antworten. Warum? Weil schon die Antwort in einer Frage liegt. Antworten sind weder Geheimnisse noch tiefgründig; sie sind nur das Verständnis, das darauf wartet, umgesetzt zu werden.

Master Chi

Es ist ein gutes Gefühl, Teil eines medialen Zirkels zu sein und die Verbundenheit zwischen den einzelnen Teilnehmern zu spüren, im Wissen, dass höhere geistige Wesen das Ganze arrangiert und uns alle zusammengebracht haben. Allein die Vorstellung, wie wir alle miteinander verbunden sind und dass es im Universum eine höhere Macht gibt, die uns lenkt, befriedigt mich immer. Und die vielen Lehren, die wir aus der feinstofflichen Welt erhalten, vermitteln uns das Gefühl, einen Kurs an der Universität des Lebens absolviert zu haben.

Als Chi mit uns über Freiheit sprach, erwähnte er, dass wir alle aus der feinstofflichen Welt stammen und irgendwann wieder in diesen höheren Zustand zurückkehren. Das warf für mich und andere im Zirkel viele Fragen auf, die zu einer tiefschürfenden Diskussion führten, was sicher genau das war, was mein Geistführer erreichen wollte. So lässt die feinstoffliche Welt Dinge durch unseren Geist filtern, damit wir sie weiter ausführen und versuchen, das Leben auf einer viel tieferen Ebene zu begreifen.

Wann immer ein hochentwickelter Geist in einen der Zirkel kommt, an denen ich bisher teilgenommen habe, ist der Raum von einem bestimmten Gefühl erfüllt. Nicht nur, was er sagt, zeigt einem, dass man sich in der Gegenwart eines hochentwickelten Geistwesens befindet, sondern es ist auch die Essenz im Raum und wie seine Wortwahl jeden Anwesenden auf ganz persönliche Weise betrifft und ihm das Gefühl vermittelt, gerade ein ganz persönliches Gespräch mit einem Meister geführt zu haben.

Die meisten Begegnungen mit Geistführern und Lehrmeistern der feinstofflichen Welt finden in privaten Zirkeln und unter guten Freunden statt. Das bedeutet, dass die meisten Weisheiten niemals mit anderen geteilt oder an andere weitergegeben werden. Die Wirkung der Lehren, die Chi unseren deutschen Schülern vermittelt hat, lässt mich vermuten, dass nun die Notwendigkeit besteht, zumindest ein paar dieser Weisheiten so vielen Menschen wie möglich zu vermitteln.

Hier ist eine Auswahl der Fragen und Antworten, die wir über die Jahre in meinen beiden privaten Zirkeln erörtert haben, als Chi oder ein anderer Lehrmeister erschien. Es sind typische Fragen, die Leute während ihrer medialen Entwicklung Lehrmeistern der feinstofflichen Welt stellen, wenn sie die Gelegenheit dazu haben:

Frage: Hast du irgendeinen Körper?

Antwort: Es gibt zwar eine Art Vehikel, aber nicht in der Form, die ihr als Körper bezeichnet. Es wird nur gebraucht, wenn wir auf Ebenen hinabsteigen, auf denen eine Identität wichtig ist. Je höher man sich entwickelt, umso weniger ist von einem nötig.

Frage: Warum sehen medial Begabte dann Geistwesen in ihrer früheren menschlichen Gestalt? Und warum erwähnen Verstorbene immer eine körperliche Gestalt, wenn sie berichten, schon früher verstorbene Freunde und Verwandte getroffen zu haben?

Antwort: In diesem Fall ist es das Medium, das eine Gestalt braucht, um sie einem Verwandten präsentieren zu können. Deswegen projiziert das Geistwesen ein Bild ihres früheren Aussehens in den Geist des Mediums, damit es von seinen Lieben erkannt werden kann. Und Menschen, die wieder in die feinstoffliche Welt zurückkehren, müssen die vertraute Gestalt ihres schon früher verstorbenen Verwandten sehen. Doch auch der Geist, der gerade gestorben ist, hat keinen Körper mehr, was ihm nur noch nicht bewusst ist. Vielleicht versteht ihr jetzt die Macht eures Geistes etwas besser – sie kann etwas erschaffen, was gar nicht da ist. Deshalb lehren wir euch bei eurer Entwicklung so viel über den Geist – damit ihr lernt, wie die feinstoffliche Welt zu denken, noch bevor ihr irgendwann die physikalische Welt verlasst.

Frage: Warum schreitet Gott oder die feinstoffliche Welt nicht manchmal ein, um die schrecklichen Tragödien in unserer Welt zu verhindern? Warum lässt er oder sie die Menschen leiden?

Antwort: Die irdische Welt ist eine Welt, in der Schmerz und Leid erlebt werden. Es gibt zwar Zeiten, in denen die feinstoffliche Welt euch das Leid gerne nehmen würde, doch dann wäre die physische Existenz überflüssig.

Stellt euch vor, eure Töchter würden erst im Alter von zwanzig Jahren in euer Leben treten: Dann hättet ihr euch nicht in ganz wichtigen Phasen ihres Lebens um sie gekümmert – Phasen, in denen ihr eine emotionale Bindung zu ihnen aufgebaut und sie geliebt habt. So würde es sich in der feinstofflichen Welt anfühlen, wenn wir einen Teil des Leids in eurer Welt auslöschen würden. Wenn wir erkennen, dass Liebe durch Leid entsteht, dann sehen wir Schmerz nicht mehr als Strafe an.

Frage: Warum kann ich Geistwesen nicht sehen oder hören, so wie andere medial Begabte es können? Ich fühle die Präsenz von Geistwesen um mich herum; was kann ich tun, um meine Fähigkeit noch zu verbessern, außer sie darum zu bitten, mich sie sehen oder hören zu lassen?

Antwort: Sehen und Hören sind zwei menschliche Sinne; der Teil von euch, der sich noch mehr entwickeln kann, ist der Teil, der die Präsenz von Geistwesen fühlt. Wenn ihr bereit seid, die Sprache der feinstofflichen Welt zu verstehen, werdet ihr die Antworten an dem erkennen, was ihr fühlt. Ihr würdet eure Gabe nicht verbessern, wenn wir es euch einfach machten, und ihr würdet euch auch nicht als bewusstes Wesen weiterentwickeln. Sucht nicht mit den Augen und lauscht nicht mit den Ohren, sondern fühlt und spürt die Geistwesen im Herzen.

Frage: Muss ich vor irgendwas Angst haben, wenn ich mich in einem Zirkel der unsichtbaren Welt öffne?

Antwort: Ihr braucht euch in keinster Weise vor der feinstofflichen Welt zu fürchten. Das Einzige, wovor ihr Angst haben solltet, ist die Angst an sich. Die feinstoffliche Welt befindet sich nicht im Schatten des menschlichen Geistes, sondern im Licht. Um sie zu verstehen, müsst ihr euren Geist durchforsten und erkennen, wo eure Ängste sind. Dadurch werdet ihr erkennen, dass auch ihr Geistwesen seid, und diese simple Erkenntnis wird euch das Licht zurückbringen und alle Schatten aus eurem Geist verbannen. Dann habt ihr keine Angst mehr. Vergesst also nicht, wir wollen euch zu eurem wahren Ich, dem spirituellen Ich führen.

Frage: Ich habe gehört, dass wir beim Sterben durch einen Tunnel kommen und das Gefühl haben, uns mit hoher Geschwindigkeit fortzubewegen. Stimmt das?

Antwort: Es mag dem Geist, der aus der physischen Welt kommt, zwar so vorkommen, doch es hat mehr mit Schwingung und Frequenz als mit Strukturen und Fortbewegung zu tun. Der Körper, in dem ihr steckt, nutzt Zeit, Raum und Entfernung, um die Realität wahrzunehmen. Der feinstoffliche Körper, der von der physischen Welt befreit ist, vibriert viel schneller als alles, was ihr im irdischen Leben je gefühlt habt, und der bewusste Geist, der eure Realität erschafft, muss eine Perspektive finden. Daher wird sich die erhöhte Schwingung wie Geschwindigkeit anfühlen, und der Tunnel wird erscheinen, weil der Geist dann nicht mehr mit den Augen sieht und sich automatisch an die einzige ähnliche Sinneswahrnehmung erinnert, die er je erlebt hat – nämlich als er bei seiner Geburt durch einen Tunnel aus der einen Welt in die nächste befördert wurde. All das löst sich auf, wenn die neue Frequenz hergestellt ist und der Geist seine neue Realität annimmt.

Frage: Was hält die feinstoffliche Welt von der jetzigen Welt der Menschen und wie sieht sie die Zukunft?

Antwort: Das spirituelle Konzept der Welt der Menschen ist, dass sie genau da ist, wo sie jetzt sein sollte. Um die Zukunft der Menschheit zu verstehen, muss man sich die gesamte Bevölkerung der Erde als ein Wesen vorstellen. Dieses Wesen hat sich wie ein Säugling entwickelt und steckt jetzt sozusagen in der Phase eines Jugendlichen, während es viele Veränderungen durchläuft und sich darum bemüht, seine wahre Identität zu finden. In diesen Zeiten herrscht so viel Unruhe im menschlichen Geist wie in dem eines Teenagers. Es wird gegen höhere Autoritäten rebelliert und es gibt große Missverständnisse hinsichtlich religiöser und spiritueller Wahrheiten. Aber wenn ihr seine Entschlossenheit, weiterzukommen, und seinen Willen, zu wachsen, betrachtet, dann werdet ihr sehen, dass es mit der richtigen Erziehung erwachsen werden könnte.

Das Beste kommt noch …

In all den Jahren habe ich Hunderte von Aufzeichnungen und Aufnahmen der Lehren der feinstofflichen Welt gesammelt. Erst jetzt in meinem neuen Zirkel mache ich mir die Mühe, mich erneut mit einigen der weisen Worte, Vorhersagen und Einblicke, die ich gehört habe, zu beschäftigen. Mir ist klar, dass sich meine Arbeit in einem Umbruch befindet. Vor kurzem las ich eine Aufzeichnung aus dem Jahr 1999 und entdeckte, dass Dominica, eine meiner medialen Lehrmeisterinnen von damals, vorausgesagt hatte, dass ich in zehn Jahren eine neue Gruppe auf eine sehr bedeutende mediale Tätigkeit vorbereiten würde, die den Geist der Menschen auf eine noch viel höhere spirituellere Ebene anheben würde, und dass unser Zirkel dabei die feinstoffliche Welt wie nie zuvor erleben würde. „Außerdem“, hatte sie vorausgesagt, „tritt jemand, von dem du dachtest, ihn nie wiederzusehen, wieder in dein Leben und hilft dir aus der Ferne.“

Es war erstaunlich, dass das damals schon vorhergesagt wurde und jetzt alles eintrifft. Unser derzeitiger medialer Zirkel wurde 2009 gegründet – zehn Jahre nach der Vorhersage, und wir haben alle schon ungeahnte neue Erfahrungen gemacht.

Eine Weile rätselte ich über die Person, die zurückkehren würde, um mir aus der Ferne zu helfen. Doch die Lehrmeisterin, die mir das voraussagte, hatte sich noch nie geirrt, selbst bei ihren verschleierten Prophezeiungen nicht. Und es dauerte nicht lange, bis genau das eintrat.

Die letzte Sitzung unseres Zirkels am Jahresende fand drei Tage vor Weihnachten statt und brachte uns scheinbar wieder sehr in die Tiefe. An diesem Abend waren nur Jim, Steven und ich anwesend, doch die Energie im Raum war trotzdem sehr stark. Mir war, als würde ich meinen Körper verlassen. Ich konnte zwar den Raum sehen, doch es war aus einem Sichtwinkel oberhalb meines Sitzplatzes und mir war, als würde ich durch einen gelben Dunst blicken.

Ich bemerkte jemanden, der mit verschränkten Armen im Raum stand. Er sah aus wie ein Indianer, aber ich erkannte ihn trotzdem: Er war Lauras Geistführer. Laura war das fantastischste Trancemedium, das ich je kennengelernt habe, und wie ich wusste, hatte sie seit ihrer Kindheit außerkörperliche Erfahrungen gemacht. Während unserer Bekanntschaft rief sie mich immer wieder an und erzählte mir von Dingen, die ich fünf Minuten vorher gemacht hatte, bis hin zum kleinsten Detail, weil sie mich während einer ihrer außerkörperlichen Erfahrungen dabei beobachtet hatte.

Ihr Geistführer stand still da, doch ich spürte einen starken Puls aus seiner Richtung kommen. Urplötzlich war er wieder verschwunden und mir war, als würde ich mit Knotengeschwindigkeit wieder in meinen Körper zurückgezogen werden. Die anderen starrten mich an, als wäre ich aus dem Nichts aufgetaucht, und das allgemeine Gefühl war, dass etwas Übermächtiges geschehen war, aber keiner hatte eine Ahnung, was es war.

Jim fragte mich, ob ich jemanden im Raum wahrgenommen hätte – hatte ich die Präsenz eines Geistwesens gespürt, das unseren Zirkel nicht kannte? Ich bejahte es und fragte ihn, ob er es auch gesehen hatte. „Nein", sagte er, „aber ich habe gefühlt, dass Laura in der Ecke stand." Dann erzählte Steven, er habe in derselben Ecke auch eine Frau gesehen, und beschrieb Laura bis ins kleinste Detail. Ich verriet ihnen, dass ich nicht Laura selbst, aber ihren Geistführer gesehen hatte.

Das letzte Mal, als ich Laura in Fleisch und Blut begegnet war, war siebzehn Jahre zuvor gewesen. Damals war Mrs. Primrose gestorben, und seitdem hatte ich keinen Kontakt mehr zu ihr gehabt. Wie mir ein gemeinsamer Bekannter mehrmals mitgeteilt hatte, war Laura an Krebs erkrankt und es ging ihr schlecht, doch seit ich Schottland verlassen hatte, hatte ich den Bekannten aus den Augen verloren und nichts mehr von Laura gehört. Ehrlich gesagt hatte ich seit Jahren nicht mehr an sie gedacht.

Unser erstes Gefühl war, dass Laura in die feinstoffliche Welt übergegangen sein musste und es uns auf diese Weise wissen ließ. Außerdem war sie im physischen Leben schon mehrmals fast gestorben und hatte in diesen Zeiten außerkörperliche Erfahrungen gemacht.

Nach diesem Erlebnis war Jim und mir ziemlich merkwürdig zumute. Steven wunderte sich, warum wir uns so komisch fühlten, obwohl wir doch glauben, dass es uns in der feinstofflichen Welt bessergehen wird. Es war jedoch eher die Tiefe meines außerkörperlichen Erlebnisses an jenem Abend. Es hatte Momente gegeben, in denen ich tatsächlich das Gefühl hatte, selbst in der feinstofflichen Welt zu sein.

Ich blätterte in alten Telefonbüchern und suchte die Nummer des Bekannten, der Laura kannte, aber ich konnte sie nicht finden.

Am nächsten Tag, dem Abend vor Heiligabend, unterhielten Jim und ich uns gerade über unseren Zirkel, als das Telefon klingelte. Eine Sekunde lang blieb mir das Herz stehen, als würde ich gleich eine schlechte Nachricht hören, und Jim sah mich an, als wüsste er, was ich fühlte. Ich schaute auf die Nummer auf dem Display und erkannte sie nicht, aber ich ging trotzdem ans Telefon. Ich schwöre, ich wäre fast tot umgefallen, als ich eine Frauenstimme meinen Namen sagen hörte: Es war Laura.

Auch wenn mich das schon umgehauen hatte, hörte ich gleich darauf etwas noch Verblüffenderes. Nachdem sie mir eröffnet hatte, wie schwer es gewesen sei, mich zu erreichen, sagte sie mir, ich sei wohl der schlechteste Telepath, mit dem sie je zusammengearbeitet hat.

„Wieso?“, fragte ich.

Laura erklärte, sie sei schon eine Weile in unserem Zirkel erschienen, doch niemand habe sie bemerkt. „Dieser Steven, der bei dir sitzt“, sagte sie. „Gestern Abend bin ich direkt zu ihm hingegangen und dachte: ‚Ist denn keiner hier für die feinstoffliche Welt empfänglich?‘“

„Woher kennst du denn seinen Namen?“, wollte ich wissen.

Sie überhörte meine Frage. „Irgendwann“, fuhr sie fort, „war ich gezwungen, meinen Geistführer mitzubringen, um zu sehen, ob er eure Aufmerksamkeit erringt.“

Sie sagte, sie sei in den Zirkel gekommen, weil die feinstoffliche Welt wolle, dass ich eine ganz andere Erfahrung machen solle, etwas, was noch nie dagewesen sei, und sie solle das Ganze überwachen.

Sie können sich nicht vorstellen, wie ich mich fühlte. Ich habe zwar schon spirituelle Erfahrungen gemacht, die die meisten Leute nie glauben würden, und unglaubliche Phänomene erlebt, die nicht von dieser Welt waren, aber das hier toppte alles.

Ich erklärte ihr, dass wir sie und ihren Geistführer zwar wahrgenommen, sie aber für tot gehalten hatten.

„Beinahe hätte es mich erwischt", sagte sie lachend. „Schon oft, aber ich habe hier noch einiges zu erledigen, und ganz oben auf meiner Liste steht, dich auf diese neue Verbindung zur feinstofflichen Welt vorzubereiten."

Dann beschrieb sie mir Orte, an denen ich gewesen war, Leute, denen ich begegnet war, und viele, viele private Lebensereignisse in der jüngsten Vergangenheit, von denen niemand wissen konnte, solange er keine Fliege an der Wand war. Ich staunte. Doch wie sie sagte, war der wichtigste Grund, warum sie mich an diesem Abend erreichen wollte, nicht, um mich zu überraschen, sondern um mit Jim und mir Verbindung aufzunehmen und mich auf die neue Arbeit vorzubereiten.

Nun weiß ich, warum ich in unserem neuen Zirkel innerlich immer so ruhig wurde und fühlte, dass ich mich tiefer in Trance versetzte als je zuvor. Aber was hatte das alles zu bedeuten? Welche Art von Arbeit plant die feinstoffliche Welt, und warum jetzt und warum ich?

Aber wissen Sie was? Als ich Laura fragte, antwortete sie nur in der Manier einer großen medialen Lehrmeisterin: „Die Zeit wird es schon zeigen …"

Der Autor

Gordon Smith, geb. 1962 in Glasgow, Schottland, gilt in Großbritannien als das derzeit fähigste und treffsicherste Medium in dem Maße, dass er genaue Angaben über Rufnamen, Wohnorte und sogar Straßennamen machen kann.

Von klein auf hatte Gordon die Fähigkeit, mit Wesen aus der geistigen Welt zu kommunizieren. Nach Jahren des medialen Studiums bei herausragenden spirituellen Lehrern arbeitet er seit über 30 Jahren medial. Er gibt öffentliche Demonstrationen seines Könnens, schreibt Bücher, organisiert Workshops und hat in seiner Arbeit rund um den Globus zahllose Menschen in ihrer geistigen Entwicklung inspiriert. Gordon Smith beeindruckt durch seine Natürlichkeit und Klarheit und plädiert für eine offene Zusammenarbeit von Wissenschaft und Spiritualität.

www.gordonsmithmedium.com

www.psychicviews.co.uk

Steven Levett

Steven Levett arbeitet seit 20 Jahren als Medium und spiritueller Heiler in UK und weltweit. Er hat seine Gabe mit Gordon Smith entwickelt, und sie geben nun gemeinsam Seminare und Workshops in ganz Europa.

ISBN 978-3-946-959-53-3
216 Seiten, € 19,90

Mediale Menschen, die Botschaften empfangen gibt es nicht wenige. Doch wie können wir entscheiden, was echt und wahr und was Fantasie ist? Gordon Smith fordert uns auf, als Erstes unseren Geist in der Stille kennenzulernen und erst dann »auf Empfang« zu gehen. Auf Basis seiner 30jährigen Praxis zeigt er, wie wir kraftvolle Energie aufnehmen können, um mit der feinstofflichen Welt zu kommunizieren. Übungen zur Stärkung unserer medialen Fähigkeiten wie Hellsehen, Hellhören und Hellfühlen vervollständigen und vertiefen dieses Können. Nicht nur für unser Wohl, sondern zum Wohle aller!

Gordon Smith, gilt in Großbritannien als das derzeit fähigste und treffsicherste Medium. (Daily Mail) Er arbeitet seit über 30 Jahren medial, gibt öffentlich Demonstrationen seines Könnens, organisiert Workshops und hat in seiner Arbeit schon viele Menschen in ihrer Entwicklung inspiriert.

 	James van Praagh **LIEBE** Warum wir im Außen nicht finden können was immer schon in uns ist James van Praagh erinnert uns an diese Kraft, die unzerstörbar in uns wohnt und die unsere wahre Natur ist! Mit praktischen Fallbeispielen zeigt er, wie wir, zu unserer Liebe erwachen – und als Erstes uns selbst bedingungslos lieben können. 168 S. € 14,90 ISBN 978-3-946959-02-1
 	Atasha Fyfe **Reinkarnationen** Die Heilkräfte früherer Leben nutzen Der Schwerpunkt liegt hier nicht auf der Erforschung positiver oder negativer Erfahrungen in vergangenen Leben, sondern auf den Heilkräften, die jeder, wenn er möchte, im heutigen Leben nutzen kann. 277 S. € 18,50 ISBN 978-3-941435-36-0